Mirja Gruhn

Satzverarbeitungsstrategien in der Zweitsprache Deutsch

Eine empirische Untersuchung

Deutsch als Fremd- und Zweitsprache

Grundlagen und Anwendungsperspektiven

herausgegeben von Prof. Dr. Stefanie Haberzettl

ISSN 2191-1908

Mirja Gruhn

SATZVERARBEITUNGSSTRATEGIEN IN DER ZWEITSPRACHE DEUTSCH

Eine empirische Untersuchung

ibidem-Verlag
Stuttgart

Bibliografische Information der Deutschen Nationalbibliothek
Die Deutsche Nationalbibliothek verzeichnet diese Publikation in der
Deutschen Nationalbibliografie; detaillierte bibliografische Daten sind im
Internet über http://dnb.d-nb.de abrufbar.

Bibliographic information published by the Deutsche Nationalbibliothek
Die Deutsche Nationalbibliothek lists this publication in the Deutsche Nationalbibliografie;
detailed bibliographic data are available in the Internet at http://dnb.d-nb.de.

∞

Gedruckt auf alterungsbeständigem, säurefreien Papier
Printed on acid-free paper

ISSN: 2191-1908

ISBN-10: 3-8382-0054-3
ISBN-13: 978-3-8382-0054-5

© *ibidem*-Verlag
Stuttgart 2010

INHALTSVERZEICHNIS

1. EINLEITUNG

Nicht zuletzt seit dem relativ schlechten Abschneiden von Schülern mit Migrations-hintergrund bei den nationalen und internationalen Schulleistungsstudien (z.B. PISA, IGLU, TIMMS) und der sich anschließenden Ursachenforschung, die vor allem sprachliche Defizite in den Blick nahm, beschäftigt das sprachliche Handeln mehr-sprachiger Kinder und Jugendlicher Sprachwissenschaft, Didaktik, Pädagogik und Politik.[1] In Anbetracht der Tatsache, dass die Leistungen nicht nur im nationalen Vergleich zu monolingual aufgewachsenen Kindern, sondern auch im internationalen Vergleich geringer waren, wird die Dringlichkeit, diese sprachlichen Defizite genau zu definieren und Förderungsvorschläge zu formulieren, umso deutlicher. Daher wurde eine Vielzahl von empirischen Untersuchungen veranlasst, die sich vornehm-lich der Messung grammatischer und lexikalischer Kenntnisse widmen und die ent-sprechenden Produktionsdaten je nach Altersstufe der Versuchspersonen entweder in schriftlicher oder mündlicher Form elizitieren. Darauf aufbauend werden unterschied-liche additive oder in den schulischen Regelunterricht integrierte Förderungsmaß-nahmen vorgeschlagen.

Interessanterweise jedoch wurden relativ wenige Studien durchgeführt, die sich mit der Sprachrezeption von Zweitsprachensprechern beschäftigen (z. B. Penner 1998 zum Leseverständnis von Mathematikaufgaben, Elsner 2007 zum Hörverstehen von Grundschülern mit türkischem Migrationshintergrund im Englischunterricht) und zu-dem liegen für das Deutsche als Zweitsprache (DaZ) keine Forschungsergebnisse vor, in denen die Sprach*verarbeitung* im Zentrum des Interesses steht. Dies ist insofern überraschend, als dass die Sprachverarbeitung und die Entwicklung grammatischen Wissens direkt miteinander verbunden sind, was Fodor (1998) dazu veranlasste, von einem „acquisition paradox" zu sprechen: Einerseits bedarf es für den Aufbau einer Grammatik der Verarbeitung sprachlichen Inputs, andererseits ist das sog. Parsing nur möglich, wenn genügend grammatisches Wissen vorhanden ist.

---

[1] Für eine detaillierte Analyse des Zusammenhangs von Mehrsprachigkeit und Bildungserfolg siehe z.B. Siebert-Ott (2006), Gogolin (2008) sowie die Publikationen des BLK-Modellprogramms FÖRMIG.

Die Sprachverarbeitung stellt einen der zentralen Bereiche der Psycholinguistik dar. Empirische Studien untersuchen, wie Rezipienten eingehende (akustische oder orthographische) Informationen analysieren, um aus diesen unterschiedlichen Hinweisen zu einer sinnvollen Bedeutung zu gelangen (vgl. Harrington 2001: 93). Dieser Prozess beinhaltet eine Reihe von Schritten, die mit der Segmentierung der eingehenden Laute beginnt und mit dem Aufdecken der kommunikativen Intention des Gesprächspartners endet. Die früheren Studien zu diesem Thema beschäftigten sich vornehmlich mit den Satzinterpretationsstrategien monolingualer Sprecher. Dies könnte, so Harrington (vgl. ebd: 91), in der Tatsache begründet liegen, dass ein Großteil der Forschung auf die Entwicklung von normativen Modellen des menschlichen Sprachverarbeitungssystems abzielte, was zu einer relativ geringen Betrachtung der entwicklungsspezifischen Aspekte führte. Erst seit ungefähr zehn Jahren wird versucht, jene kognitiven Mechanismen aufzudecken, die bei der Sprachverarbeitung in der Fremdsprache[2] greifen (vgl. Felser et al. 2003, Su 2001, Cook 2003). Aus pädagogischer Sicht finden sich hier sowohl Ansätze, die sich mit verständlichem Input (vgl. Krashen 1982) und dessen Verarbeitung (vgl. VanPatten 1996) beschäftigen, als auch solche, die sich auf den Output (vgl. Swain/Lapkin 1995) konzentrieren. Auch kindliche Satzverarbeitungsstrategien rücken seither ins Forschungsinteresse (vgl. Dittmar et al. 2008), genauso wie diejenigen von Sprechern mit Spezifischen Sprachentwicklungsstörungen (vgl. Lindner 2003, Clahsen et al. 2004). Während die Untersuchung von Kindern in unterschiedlichen Entwicklungsstadien zumeist darauf abzielt, die daraus resultierenden Ergebnisse mit denen von Erwachsenen zu vergleichen, um so Rückschlüsse zur Ontogenese ziehen zu können, thematisieren die Studien zu Sprechern einer Fremdsprache vor allem Transferphänomene. So konnten Clahsen/Felser (2006) und Frenck-Mestre (2005) in ihren Studien einen syntaktischen

---

[2] Bei Zitaten oder Verweisen aus englischsprachigen Publikationen wird die uneindeutige Bezeichnung *Second language* je nach Kontext entweder mit Zweit- oder mit Fremdsprache übersetzt. Als Zweitsprache wird hier eine Sprache bezeichnet, die ungesteuert und sukzessiv im Land der Zielsprache erworben wird. Sie wird hier auch als L2 bezeichnet und unterscheidet sich dahingehend von einer Fremdsprache, dass diese institutionell erlernt wird und nicht Sprache der Umgebung ist. In diesem Zusammenhang sei auch das Desiderat an die anglophone Literatur formuliert, den Terminus *Additional Language* zu verwenden, wie es bei Marinis (2007) der Fall ist, um den unterschiedlichen Spracherwerbsvorgängen gerecht zu werden.

„Akzent" ermitteln. Beide Untersuchungen ergaben, dass selbst sehr fortgeschrittene Lerner lexikalische und strukturelle Informationen in einer qualitativ unterschiedlichen Weise im Vergleich zu Muttersprachlern verarbeiten. Andererseits zeigen aber auch Ergebnisse neuester Studien, dass es voreilig ist, von einer Transferstrategie bei Nicht-Muttersprachlern per se zu sprechen. So interpretieren hochkompetente Fremdsprachler des Deutschen mit L1 Englisch in einem Experiment von Jackson/Dussias (2007) die Kasusmarkierung wie Muttersprachler.

Wie jedoch eingangs unterstrichen, handelt es sich bei den bis dato durchgeführten Untersuchungen vornehmlich um Erhebungen mit Fremdsprachenlernern. Daher stellt sich die Frage, inwiefern diese mehr oder weniger starken Transferphänomene bei Lernern einer Zweitsprache auftreten. Erste Ergebnisse zu türkischen Kindern mit Migrationshintergrund mit L2 Englisch deuten darauf hin, dass auch diese Verarbeitungsstrategien anwenden, die von denen monolingualer Sprecher abweichen (vgl. Marinis 2007). Dieser Tendenz soll in der hier vorliegenden Arbeit anhand der Sprachenkombination Türkisch-Deutsch nachgegangen werden. Hierfür wurden fortgeschrittene jugendliche DaZ-Sprecher, die bereits recht früh mit der deutschen Sprache konfrontiert wurden, in Deutschland leben und auch dort die Regelschule besuchen, sowie eine monolinguale Kontrollgruppe zwei unterschiedlichen Offline-Experimenten unterzogen. In dem ersten wird der Interpretation einfacher transitiver Sätze nachgegangen, wobei sich die Frage stellt, wie die Schüler mit L2 Deutsch anhand von Informationen aus der Semantik, der Kasusmarkierung, der Wortstellung sowie der Subjekt-Verb-Kongruenz die thematischen Rollen eines Satzes erkennen. Als notwendige Erweiterung zu diesem ersten Experiment, welches isolierte Sätze verwendet, untersucht das zweite, inwieweit eine zusätzliche vorgehende kontextuelle Einbettung das Antwortverhalten beider Versuchsgruppen beeinflusst. Des Weiteren wurde ein C-Test durchgeführt, um festzustellen, ob das Abschneiden der Schüler mit Migrationshintergrund bei dieser Sprachstandsmessung mit den in den Experimenten verwendeten Satzverarbeitungsstrategien korreliert. Die Daten der monolingualen Kontrollgruppe ermöglichen es, einen Vergleich zu ziehen. Es wird vermutet, dass sich die fortgeschrittenen Lerner eher wie die Muttersprachler verhalten als die sprachlich weniger kompetenten Versuchspersonen.

Bevor jedoch die hier erzielten Ergebnisse präsentiert und diskutiert werden, sollen zunächst die zentralen Prinzipien des *Competition Models* von Elizabeth Bates und Brian MacWhinney vorgestellt werden, welches den theoretischen Rahmen der hier vorliegenden Arbeit darstellt (vgl. Bates/MacWhinney 1989). Es wird neben der „alten" auch die „neue" Version des Modells behandelt, welche sich gezielt dem Zusammenhang von Satzverarbeitung und Mehrsprachigkeit widmet. In diesem theoretischen Kapitel wird gleichzeitig versucht, Ergebnisse aus der Forschung zur Satzverarbeitung zu integrieren, die sich der deutschen Sprache widmen.

2. SATZVERARBEITUNG IM RAHMEN DES *COMPETITION MODELS*

Das folgende Kapitel stellt das *Competition Model (CM)* von Bates/MacWhinney (1989) sowohl in seiner „traditionellen" Form als auch in seiner Erweiterung vor. Nach einer kurzen Einbettung in die unterschiedlichen Forschungstraditionen der Satzverarbeitung soll in einem zweiten Teil genauer auf die Prinzipien und Vorhersagen des Modells eingegangen werden.

2.1 Einbettung des Modells in die Satzverarbeitungsforschung

Die Untersuchungen zur Sprachverarbeitung zielen darauf ab, zu erklären, wie Menschen Satzstrukturen analysieren und deren Bedeutung als Ganzes erfassen (vgl. Wingfield/Titone 1998). Es geht darum, zu verstehen, welche Prozesse für die Sprachproduktion und -rezeption in Echtzeit verantwortlich sind. Folglich liegt das Interesse auf dem Sprachgebrauch (d.h. der Performanz) und weniger auf dem abstrakten Wissen über die Sprache (sprich der Kompetenz) (vgl. Bialystok 1990). Gleichzeitig sollen die unterschiedlichen, miteinander interagierenden Wissensbereiche, wie Syntax, Lexik, Pragmatik, Diskurs und Kontext genauer definiert werden (vgl. Harrington 2001: 91).

Theoretisch gesehen lässt sich auch in der Sprachverarbeitung zwischen Funktionalisten und Formalisten unterscheiden. Es gibt Modelle, die die Existenz einer Universalgrammatik voraussetzen. Innerhalb dieses generativen Ansatzes besteht Uneinigkeit darüber, ob Sprecher einer bestimmten Sprache neben einer angeborenen Grammatik auch über ein universales Verarbeitungssystem verfügen, wie es Crain/Wexler (1999) postulieren. Die Annahme *universaler* Verarbeitungsstrategien würde jedoch, so Felser et al. (vgl. 2003: 455), beim Parsen keine qualitativen Unterschiede von Lernern einer Fremdsprache und Muttersprachlern zulassen. Allgemein werden in diesem Rahmen einzelsprachliche Variationen durch einige wenige spezifische Parametersetzungen erklärt, die wiederum an bestimmte grammatische Phänomene gebunden sind (vgl. Gibson/Pearlmutter 1996).

Das Competition Model hingegen basiert auf der Annahme, dass der Spracherwerb und der Sprachgebrauch und damit die Sprachverarbeitung auf Erfahrung basieren. Es wird somit davon ausgegangen, dass sowohl sprachliches Wissen als auch dessen Verarbeitung durch Einflüsse aus der Umwelt geleitet werden. Aus diesem Grund wird auch für Lerner einer Fremdsprache vorhergesagt, dass sie bei der Satzverarbeitung zunächst auf die ihnen aus ihrer L1 bekannten Strategien zurückgreifen. Durch sprachlichen Input und den damit verbundenen steigenden Erfahrungswert mit dieser neuen Sprache nähern sich die Interpretationsweisen dann an die der Muttersprachler an (vgl. Bates/MacWhinney 1989, MacWhinney 2001).

Sowohl innerhalb des formalistischen als auch des funktionalistischen Ansatzes wurden Modelle formuliert, die grundlegende Annahmen zur kognitiven Organisation und Repräsentation beinhalten, was mancherorts auch als *Kognitive Architektur* bezeichnet wird (vgl. Harrington 2001: 99). Diese definiert die Informationsverarbeitungsfähigkeiten und -mechanismen im Gehirn (vgl. Stillings et al. 1995). Die Modelle unterscheiden sich in vier Aspekten, die die interne Struktur der vorgeschlagenen Verarbeitungsmechanismen sowie die Art und Weise, in der diese Elemente in einem größeren System organisiert sind, betreffen. Es gibt Annahmen hinsichtlich der Form, in der Wissen repräsentiert ist (symbolisch vs. distributiv), der Art der Repräsentation von Wissen (isoliert vs. aufeinander aufbauend [*graded*]), dem Grad der Interaktion zwischen den verarbeitenden Komponenten (modular vs. interaktiv), sowie der Art und Weise, in der die Verarbeitung abläuft (seriell vs. parallel) (vgl. Harrington 2001: 99). Generell kann die Satzverarbeitung der Formalisten aufgrund der Annahmen über die Kognitive Architektur als *prinzipiengestützt* bezeichnet werden, wohingegen das Parsing in der funktionalistischen Theorie *beschränkungsgestützt* verläuft (vgl. Clifton et al. 1994).[3] Diese unterschiedlichen Herangehensweisen werden im Folgenden vorgestellt.

2.1.1 Der prinzipiengestützte Ansatz

Prinzipiengestützte Ansätze (*principle-based approaches*) der Satzverarbeitung nehmen einhergehend mit Chomskys modularem Ansatz von Sprache an, dass sprachliches Wissen eine mentale Befähigung ist (vgl. Chomsky 1975). Innerhalb des

---

[3] Auf eine detaillierte Darstellung der einzelnen Modelle muss im Rahmen dieser Arbeit verzichtet werden. Genannt seien neben dem *Competition Model* das *Garden Path Model* (Frazier/Fodor 1978), das *Generalized Theta Attachment (GTA)* Model (Pritchett 1992), das *Referential Model* (Altmann/Steedman 1988), das *Lexical Constraint-Based Model* (MacDonald 1997) sowie die *Processability Theory* (Pienemann 1998).

Sprachmoduls befinden sich mehrere Untermodule, wie ein syntaktischer Parser und ein semantischer Prozessor. Lexikalische Einträge und syntaktische Regeln sind damit unabhängig voneinander abgespeichert und es wird auch separat auf sie zugegriffen. Das syntaktische Verarbeiten geschieht zunächst nur hinsichtlich der empfangenen Wortfolgen. Somit ist das Modell „lexically blind" (Harrington 2001: 104). Allerdings wurde die Annahme, dass kontextuelle und semantische Effekte erst zu einem späteren Zeitpunkt in die Satzinterpretation integriert werden, gerade durch den Einfluss neuerer Forschungsmethoden in Frage gestellt (vgl. Tanenhaus/Trueswell 1995). So konnten Priming-Experimente die Auswirkungen von Vorabinformationen auf die Interpretation von Holzweg-Sätzen nachweisen. Somit unterscheidet sich das klassische *Garden Path Model* (Frazier/Fodor 1987) von anderen prinzipiengestützten Ansätzen zum einen dahingehend, dass die neueren Modelle den lexikalischen Informationen bei der Satzverarbeitung eine stetig steigende Rolle zuteilen (vgl. Abney 1989, Pritchett 1992) und zum anderen in Bezug auf die Menge des Outputs an syntaktischen Informationen, die der syntaktische Prozessor abgibt (Crocker 1994, Gibson et al. 1992). Boland et al. (1990) gehen von einer Interaktion zwischen lexikalischem, semantischem und kontextuellem Wissen aus, Tanenhaus/Trueswell (1995) von semantischen oder kontextuellen Effekten beim *initial parsing* und MacDonald et al. (1994) von Häufigkeitseffekten bei der Satzinterpretation. Nichtsdestoweniger unterstützen auch diese neueren prinzipiengestützten Modelle die Annahme der syntaktischen Autonomie.

2.1.2 *Der beschränkungsgestützte Ansatz*

Im Gegensatz zum prinzipiengeleiteten Ansatz nehmen die Vertreter des beschränkungsgestützten Ansatzes (*constraint-based approach*), dem auch das CM angehört, an, dass sprachliches Wissen in einem den neuronalen Netzwerken nachempfundenen Modell und weniger in symbolischer Form repräsentiert ist (vgl. Ellis 1998, Kempe/MacWhinney 1998). Innerhalb dieser Modelle interagieren mehrere Wissensquellen (d.h. syntaktische, lexikalische, pragmatische und kontextuelle) gleichzeitig, um das Online-Verständnis vom ersten Moment des Arbeitsvorgangs an zu leiten (vgl. Harrington 2001: 93). Von daher gehen diese Modelle nicht von einer Autonomie syntaktischer Darstellung aus, sondern betonen die interaktiven, parallel laufenden mentalen Verarbeitungsprozesse von sprachlichen Informationen unterschied-lichster Art. Hierbei schränken sich die einzelnen Informationsquellen gegenseitig ein und leiten so die Satzinterpretation:

> The constraint-based approach [...] describes ambiguity resolution as an interactive process, in which syntactic, lexical, and semantic-conceptual information interacts to constrain on-line comprehension (Robinson 2001: 108).

Das Entschlüsseln von mehrdeutigen Sätzen ist demnach das Ergebnis der verteilten Aktivierung von Einheiten in einem System, welche durch phonologischen und/ oder orthographischen Input eingeleitet wird. Es wird angenommen, dass alle Informati-onsquellen im Laufe des Verarbeitungsprozesses aktiviert sind und dass die Verarbei-tung erst abgeschlossen ist, wenn alle Zweideutigkeit behoben ist (vgl. MacDonald et al. 1994). Die favorisierte Interpretation ist diejenige, die den höchsten Grad an Akti-vierung erfährt, und spiegelt folglich die kumulativen Effekte von Einheiten gegen-über anderen Einheiten wieder. Einflussreiche Modelle, denen die beschränkungsge-stützten Annahmen zugrunde liegen, sind das *Constraint-Satisfaction Model* (McClelland et al. 1986), das *Lexicalist Constraint-Based Model* (MacDonald 1997) und das *Competition Model* (MacWhinney/Bates 1989), welches den theoretischen Rahmen der hier vorliegenden Arbeit darstellt.

2.2 Zentrale Annahmen des *Competition Models*

Die Prinzipien des CMs von Brian MacWhinney und Elizabeth Bates wurden 1978 zum ersten Mal veröffentlicht und seither weiterentwickelt. Das Modell wurde for-muliert, um sowohl Satzverarbeitung als auch Spracherwerb in den verschiedensten Sprachen zu erklären (vgl. MacWhinney/Bates 1989). Dabei stützt sich das Modell auf konstruktivistische Theorien und unterstreicht somit die Rolle von Häufigkeit sowie den Informationswert sprachlichen Inputs für die Sprachverarbeitung.[4] Im Fol-genden soll näher auf die grundlegenden Annahmen des CMs, sprich auf die Zwei-Ebenen-Struktur, Cue-Validität, Cue-Stärke sowie auf Koalitions- und Wettkampfbe-ziehungen zwischen Formen und Funktionen eingegangen werden. Ergänzend wer-

---

[4] Auch wenn das CM nicht bestreitet, dass es einen angeborenen biologischen und psychologischen Mechanismus wie den LAD (vgl. Chomsky 1975) gibt, der für das Erwerben von Sprache verant-wortlich ist, so nimmt es diesen auch nicht an. Stattdessen argumentieren Bates und MacWhinney, dass Sprache allgemein durch Kognition und den menschlichen Verstand geleitet wird.

den die sich daraus ergebenen Fragestellungen vorgestellt sowie die psycholinguistischen Methoden diskutiert, mithilfe derer die Hypothesen überprüft werden.

2.2.1 Zwei-Ebenen-Struktur

Bates/MacWhinney (1989: 3) zählen ihr Modell zur funktionalistischen Grammatik: „[...] the forms of natural languages are created, governed, constrained, acquired and used in the service of communicative functions." Demnach ist Sprachverarbeitung ein interaktiver Prozess von Form-Funktions-Zuordnungen, welcher sich durch Wettkampf und Koalition zwischen lexikalischen Items auszeichnet. Ein lexikalisches Item definiert sich „as a two-level structure of an internal function (i.e. semantic properties and concepts) and an external form (i.e. auditory properties)" (Year 2003: 6). Spracherwerb bedeutet somit, diese Formen und Funktionen einander zuzuordnen. Auf syntaktischer Ebene gilt folgendes: „Lexical items are connected to other lexical items by means of role relations" (ebd.). Das Kombinieren von lexikalischen Einträgen zu vollständigen Sätzen erfolgt nach den Prinzipien der Konstruktionsgrammatik (Goldberg 1999, Croft 2001). Speziell für das CM wird angenommen, dass Konstruktionen Muster sind, die vorhersagen, wie ein Prädikat mit seinen Argumenten kombiniert werden kann. Daher schlägt MacWhinney (1982) für den kindlichen Spracherwerb auch ein *item-based* Verfahren vor, in dem bestimmte Konstruktionen auf bestimmte Verben beschränkt sind. Beim Satzverstehen kombiniert der auf Wettkampf ausgerichtete Prozessor die in den Konstruktionen verwendeten Patterns und Cues, um daraus die semantischen Rollen abzuleiten, die die endgültige Interpretation leiten (vgl. MacWhinney 2008: 21f Diese funktionale Verbindung von lexikalischen Einträgen spezifiziert die Rollen von a) der Handlung und dem Handelnden sowie b) der Handlung und demjenigen, mit dem gehandelt wird.

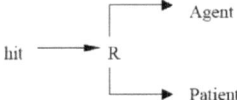

Abbildung 1: Relational Roles between Lexical Items, R = role (MacWhinney 1987: 264).

Um derartige Verbindungen aufzuschlüsseln, muss der Rezipient die Oberflächenstruktur eines bestimmten Satzes analysieren, die die verschiedenen Formen vereint, welche wiederum unterschiedliche Funktionen erfüllen. MacWhinney (1982) zählt zu den Oberflächenformen neben Wortstellung und morphologischer Markierung auch semantische Faktoren wie Animiertheit und prosodische Mittel, vornehmlich kontrastive Betonung. Im CM werden sie als *Cues* bezeichnet. Dieser Terminus umfasst alle Informationsquellen, die es dem Rezipienten bzw. Produzenten ermöglichen, die Beziehung zwischen Form und Bedeutung herzustellen. Das CM geht von einer direkten Beziehung zwischen Form und Funktion aus; jedoch impliziert dieses „direct mapping" (Bates/MacWhinney 1987: 163) nicht, dass das Verhältnis zwischen Form und Funktion eins-zu-eins ist (vgl. ebd.).[5] Eine einzelne Funktion kann auch mit mehreren Formen verbunden werden, wie beispielsweise die Rolle des Agens, die im Deutschen zumeist mit der Erststelle und der präverbalen Position assoziiert wird. Diese Koalition von bestimmten Cues findet ihren Ursprung einerseits in der limitierten Anzahl an formalen Kategorien und andererseits in der Tatsache, dass das menschliche Informationsverarbeitungssystem durch eine limitierte „perceptual mnemonic articulatory resource" eingeschränkt ist (Year 2003: 8). Um diese zu überwinden, ist Sprache so strukturiert, dass sie ihre Effizienz maximiert, indem einige Funktionen auf prototypische Weise miteinander koinzidieren, wie Topik, Agens, Akteur, Perspektive. Gleichzeitig sind einige Formen (präverbale Position, Subjekt-Verb-Kongruenz, Erststelle, Standardbetonung) stark miteinander verbunden. Die prototypische Koalition besteht aus einem Untersystem innerhalb eines Netzwerkes, welches sich „subject" nennt. Demnach ist das „subject" nicht ein einzelnes oder einheitliches Symbol, sondern ein Netzwerk von „many-to-many-mappings" (Bates/MacWhinney 1989: 48) zwischen einer Verbindung an assoziierten Funktionen und einer Verbindung an assoziierten Formen:

---

[5] Dennoch unterscheidet sich nach Gass/Selinker (2001: 192) das CM vor allem dahingehend von UG- gestützen Modellen, dass es die Annahme vertritt, Form und Funktion könnten nicht voneinander getrennt werden. Sie unterstreichen auch, dass sich das CM (wie auch andere psycholinguistische Ansätze zur Zweitspracherwerbsforschung) auf den Sprachgebrauch konzentriert, also auf die Performanz.

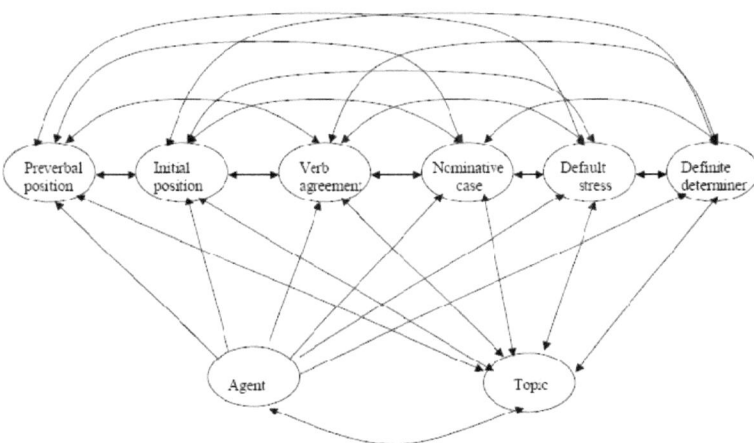

Abbildung 2: Netzwerk von many-to-many-mappings (Bates/MacWhinney 1989: 48).

Die Annahme eines Wettkampfes zwischen den einzelnen verfügbaren Funktionen basiert auf der Tatsache, dass jede Einzelsprache auf der lexikalischen Ebene nur über eine begrenzte Anzahl an auditiven Eigenschaften verfügt, da die Zahl der Vokale und Konsonanten limitiert ist (vgl. Year 2003: 9). Auf der anderen Seite jedoch ermöglicht das jeweilige Lautsystem, unzählige semantische Eigenschaften und Konzepte im Kopf zu kreieren. Aufgrund dieses Ungleichgewichts teilen sich die unterschiedlichen semantischen Merkmale oft entweder die gleichen oder sich teilweise überschneidenden Eigenschaften, was zu Polysemen und Homonymen führt. In Sätzen wie *Peter steht vor der Bank* bedarf es weiterer kontextueller, sprachlicher Einbettung oder Informationen aus der Umwelt, um die Bedeutung von *Bank* zu dekodieren. Einerseits kann eine Sitzgelegenheit, andererseits ein Geldinstitut gemeint sein. Bis zur entschlüsselnden Information sind beide Varianten aktiviert. Dieses Wettkampfprinzip zeigt sich auch auf der Satzebene. Lexikalische Einträge können eine unendliche Anzahl an relationalen Rollenstrukturen generieren, wohingegen die Oberflächenebene nur eine begrenzte Anzahl an Möglichkeiten für die Zuordnung lässt, genau genommen gibt es vier Formen: Wortstellung, morphologisches System, lexikalische Einträge und Intonationssystem (vgl. Year 2003: 9). Eine unendliche Menge an funktionalen Kategorien konkurriert um die Kontrolle dieser vier Formen.

Wenn eine bestimmte Form den Wettkampf gewinnt, wird die Verbindung zwischen Funktion und Cue gefestigt und gleichzeitig die Verbindung zu den anderen Items geschwächt. Dieser Kampf zwischen den Funktionen ist der Verarbeitungs- und Lernmechanismus, der dem Modell seinen Namen gibt (vgl. MacWhinney 2004: 52).

2.2.2 Cue-Stärke

Innerhalb des *many-to-many*-Netzwerks wird angenommen, dass jeder Cue eine unterschiedliche Stärke besitzt. Das Anfangsstadium der Form-Funktions-Verknüpfungen bei Kindern wird auf null vermutet. Das Lernen einer Sprache ist demnach der Prozess, in dem Sprecher einem Informationswert eine bestimmte Stärke zuweisen und anpassen (vgl. MacWhinney 1987: 10). Somit spiegelt die Cue-Stärke eine psychologische und subjektive Eigenschaft eines Cues wieder, die erst mit der Zeit erworben wird und in den einzelnen Sprachen variiert. Für das Englische im Vergleich zum Italienischen bedeutet dies, dass im Englischen die präverbale Position stark mit dem Handelnden assoziiert ist, wohingegen im Italienischen diese mehr auf das Topic verweist. Folglich ist der präverbale Cue für die Agenszuweisung im Englischen viel stärker als im Italienischen (vgl. Devescovi et al. 1998).

2.2.3 Cue-Validität

Der bestimmende Faktor für die Stärke eines Cues ist dessen Validität. Diese wird aus dem sprachlichen Input berechnet und definiert sich für jeden Cue über dessen Zuverlässigkeit und Verfügbarkeit[6]: „[The input constitutes] a series of cues and the reliability and availability of these determines the strength of cues in comprehension" (MacWhinney 2001: 69). Diese Modellannahme bezieht sich auf die objektiven Eigenschaften der Cues in der Umwelt. Analog zu den Annahmen des Konstruktivismus wird von einer Interaktion zwischen angeborenen Denkmustern und objektiven Eigenschaften der sprachlichen Umwelt ausgegangen. Wissen entspringt demnach unserer Erfahrung von in der Welt objektiv existierenden Dingen:

---

[6] „Availability represents the extent to which a cue is there when you need it [...] Reliability represents the degree to which a cue leads to the correct interpretation when you count on it. Reliability can be expressed numerically as a ratio of the cases in which a cue leads to the correct conclusion over the number of cases in which it is available" (Bates/MacWhinney 1989: 41).

> We argue that human beings possess psychological mechanisms that bring them in tune with the validity or information value of cues in their ecology. This means that validity is an objective property of the cue itself, i.e., a property of the perceptual environment relative to some organismic state (Bates/MacWhinney 1989: 164).

Der Vorgang des Verknüpfens von Form und Funktion bzw. von Cue und Bedeutung umfasst das, was das Modell unter Lernen versteht. Diese Verknüpfung ist auf neuronaler Ebene repräsentiert, weshalb es zu einer dauerhaften Speicherung und damit zu einer Beeinflussung des Verhaltens kommt. Aufgrund dieses Postulats wird nicht von einer angeborenen Universalgrammatik ausgegangen. Stattdessen führt man die universalen Eigenschaften der Grammatik auf die bereits beschriebenen kognitiven Mechanismen zurück, welche nicht sprachspezifisch sind:

> However, the universal properties of grammar are only indirectly innate, being based on interactions among innate categories and processes that are not specific to language. In other words, we believe in the innateness of language, but we are sceptical about the degree of domain-specificity that is required to account for the structure and acquisition of natural languages (MacWhinney 1987: 10).

Um die Validität eines Cues zu testen, wurden wie bei Kempe/MacWhinney (1998, 1999) vermehrt Korpusuntersuchungen durchgeführt. Das Ziel der früheren Analyse war es, herauszufinden, mit welchem Input L2-Lerner des Deutschen mit L1 Englisch konfrontiert werden. Aus einem Korpus von 671 Sätzen aus unterschiedlichen Lehrwerken berechneten sie die Verfügbarkeit und Reliabilität von Akkusativ- und Nominativmarkern im Zusammenhang mit anderen Oberflächenstrukturen wie Wortstellung, Belebtheit der Nomen und Kongruenz. Die Verfügbarkeit wurde berechnet indem die Anzahl der Sätze, in denen der jeweilige Cue auftrat, durch die Gesamtmenge der transitiven Sätze geteilt wurde. Hierbei muss zwischen Verfügbarkeit und Frequenz unterschieden werden. Verfügbarkeit bedeutet nicht automatisch Frequenz, d.h. es geht nicht nur um die Präsenz eines bestimmten Cues in einem Satz, sondern um dessen Kontrastivität: Die Verfügbarkeit des Belebtheits-Cues beispielsweise bezieht sich nicht auf die Häufigkeit von belebten Nomen sondern auf die Frequenz von Sätzen, in denen dieser Cue kontrastiv ist, d.h. dass ein Nomen belebt und das andere unbelebt ist. Reliabilität ist die Ratio von Sätzen, in denen ein Cue das Agens korrekt anzeigt, geteilt durch die Zahl der Sätze, in denen dieser bestimmte Cue verfügbar ist. Validität ist das Produkt aus Verfügbarkeit und Reliabilität. Die statistische Auswertung ergab, dass die Markierung der ersten NP im Nominativ den validesten Cue der deutschen Sprache darstellt (0.891), gefolgt vom Kontrast der Belebtheit (0.770) und der Kasusmarkierung (0.653) sowie von Subjekt-Verb-Kongruenz (0.652). Der schwächste Cue ist bei dieser Analyse die Akkusativmarkierung (0.203). Tabelle 1 fasst die Ergebnisse der Korpusanalyse zusammen:

	German number of sentences = 671 5.2% ambiguous sentences		
cue	availability	reliability	validity
Configuration (Agent first)	1.000	.891	.891
SVO	.413	.841	.347
SOV	.356	.879	.313
VSO	.231	1.000	.231
Animacy contrast	.785	.990	.770
Case-marking (Total)	.563	1.000	.563
Nominative	.467	1.000	.467
Accusative	.203	1.000.	.203
Verb agreement	.562	1.000	.562

Tabelle 1: Verfügbarkeit, Reliabilität und Allgemeine Validität von verschiedenen Cues in Deutschen L2-Lehrwerken (Kempe/MacWhinney 1998: 11).

Auch eine schriftsprachliche Korpusanalyse von David Zubin (zit. in MacWhinney et al. 1984: 136) kam zu dem Ergebnis, dass Kasusmarkierung in der deutschen Sprache nur ein sehr schwacher Cue ist. So ermittelte Zubin, dass 30% aller transitiven Sätze keine Singularform im Maskulinum beinhalten. Folglich hilft in fast einem Drittel der Sätze die Kasusmarkierung nicht, das Subjekt vom Objekt zu unterscheiden. Somit kann nicht von hoher Cue-Verfügbarkeit die Rede sein. Kempe/MacWhinney (1998: 551) schreiben diesbezüglich über das deutsche Deklinationsparadigma (im Vergleich zum Russischen): „The German paradigm is of lower complexity, but […] the individual inflections are also low in cue stength." Jedoch ist Kasusmarkierung im Deutschen ein „highly reliable" Cue und das CM schlägt daher vor: „Germans should rely on this cue wherever possible" (MacWhinney et al. 1984: 136). Im Gegensatz zu

Kempe/MacWhinney berechneten Dittmar et al. (2008) die Cue-Stärke im Deutschen anhand eines Korpus von 7032 kausativen Sätzen der gesprochenen Sprache[7] und kamen zu relativ ähnlichen Ergebnissen. Im mündlichen Sprachgebrauch weisen demnach in 68% der Sätze sowohl die Kasusmarkierung als auch die Wortstellung dem ersten Nomen die Rolle des Agens zu, in 11% der Sätze ist die Wortstellung aufgrund von uneindeutiger Kasusmarkierung der einzige Hinweis, der auf das präverbale Nomen als Agens weist und in 21% der Sätze geraten diese beiden Cues miteinander in Konflikt, da das zweite Nomen eines Satzes im Nominativ steht und/ oder das erste im Akkusativ. Man könnte annehmen, dass ein Input von 21% an Objekt-Erstellungssätzen ein recht hoher Wert ist, um miteinander in Konflikt tretende Cues zu lernen. Allerdings geschieht die Topikalisierung des Objekts aus pragmatischen Gründen und die Substantive werden häufig zusätzlich durch kontrastive Betonung hervorgehoben. Diese Tatsache lässt Dittmar et al. (2008) annehmen, dass Kinder derartige Sätze als separate Konstruktionen im Vergleich zu transitiven Sätzen ohne Betonung wahrnehmen.

Des Weiteren merken die Autoren an, dass fast alle Sätze (96%), in denen das Objekt an erster Stelle steht, in der deutschen, an Kinder gerichteten Sprache Pronomen beinhalten. Bei 76% handelt es sich um Personalpronomen in der 1. u. 2. Person Singular. Folglich können Kinder eine Vielzahl an Objekt-Erstellungs-Sätzen auf der Basis von festem Wissen über Form und Bedeutung bestimmter Pronomen verstehen, müssen hierfür aber nicht per se die Kasusmarkierung verwenden und somit auch nicht viel Erfahrung mit dieser Konstruktion haben. Die verbleibenden 4% der Objekt-Erstpositionssätze ohne Pronomen boten den Kindern einen zusätzlichen Belebtheitshinweis (Agens=belebt, auch in der postverbalen Position). Insgesamt basierte nur 1% aller „Object-first"-Sätze ausschließlich auf dem Wettkampf zwischen grammatischen Cues, sprich zwischen Kasusmarkierung und Wortstellung. Aus dem gebrauchsgestützten Ansatz argumentiert, lässt sich somit feststellen, dass Kinder nur einen geringen Input mit widersprüchlichen Cues erfahren.

---

[7] Die Studie konzentriert sich auf das kindliche Verstehen von Wortstellung und Kasusmarkierung. Daher wählten die Autoren den Szagun-Korpus (2004) aus der CHILDES-Datenbank, um eine Analyse der an Kinder gerichteten Sprache durchzuführen.

Während es relativ einfach ist, festzulegen, ob eindeutige Kasusmarkierung als Hinweis verfügbar ist oder nicht, so ist dies für die Wortstellung nicht ganz so leicht, da sich für Sprecher des Deutschen zwei Möglichkeiten ergeben, besagten Cue zu verwenden. Zunächst kann die Position des Substantivs zum Verb ausreichend sein, um zu entscheiden, ob die NP Agens oder Patiens ist (SV vs. VO). So ist *„die Frau schubst"* mit großer Wahrscheinlichkeit als SV zu interpretieren, wohingegen *„schubst die Frau"* auf VO hinweist. Auf diese Weise ist es möglich, auch bei fragmentarischen Sätzen mit neutralisierter Kasusmarkierung den Wortstellungs-Cue ausfindig zu machen, weswegen er als 100% verfügbar eingestuft wird. Kasusmarkierung hingegen erreicht im Dittmar-Korpus nur 89% Verfügbarkeit in allen transitiven Sätzen, dafür aber 100% Zuverlässigkeit. Auf Wortstellung trifft dieses nicht zu, hier erreicht die Reliabilität nur 74%, da Objekte eben auch vor und Subjekte nach dem Verb stehen können. Folglich ist die Cue-Validität für Kasusmarkierung höher als die für Wortstellung (vgl. Dittmar et al. 2008: 1156). Dies zeigt sich auch in Sätzen des Typs *„ ..., weil der Mann den Jungen schubst"* in denen das Objekt eine präverbale Position einnimmt, welche gewöhnlich für das Subjekt reserviert ist. Dennoch entschlüsselt die distinktive Kasusmarkierung klar die thematischen Rollen. In fragmentarischen Sätzen ohne Kasusmarkierung ist es jedoch schwierig zu sagen, ob die direkt vor dem Verb stehende NP die Rolle des Agens oder Patiens übernimmt: *..., hat die Frau geschubst* ist hinsichtlich der Semantik ambig. In derartigen Fällen sinkt die Verfügbarkeit des Wortstellungs-Cues auf 87% und nähert sich damit dem der Kasusmarkierung (86%) an. Auch für die Validität ergibt sich in diesem Falle nur 86% für Kasusmarkierung und nur 68% für Wortstellung. Da diese Berechnungen auf der Grundlage eines Korpus der gesprochenen Sprache basieren, sind diese Werte vermutlich hinsichtlich des Erwerbs von Cue-Stärke im natürlichen Sprachgebrauch am exaktesten, zumal Kinder 13% der transitiven Sätze mit Subjekt- oder Objektauslassung hören (ebd.: 12).

Dennoch konnten diese Vorannahmen nicht immer zu 100% das Verhalten der Probanden voraussagen, wie eine Untersuchung von McDonald (1986,1987) aufzeigt. In einer vergleichenden Studie des Englischen mit dem Niederländischen bietet die allgemeine Validität keine ausreichende Erklärung für den Gebrauch von Cues bei Erwachsenen mit Niederländisch als Muttersprache. Trotz der Tatsache, dass die Belebtheit des Nomens aufgrund der hohen Verfügbarkeit und Zuverlässigkeit als der valideste Cue angenommen und somit verantwortlich für die Satzinterpretation erklärt wurde, orientieren sich die niederländischen Muttersprachler primär an der Kasusmarkierung, welche im Sprachgebrauch recht selten und zumeist aus pragmatischen Gründen Verwendung findet, wie in *„Het boek las hij"* – Das Buch las er. In derartigen konfliktträchtigen Sätzen leitet die Kasusmarkierung die endgültige Interpretation und ist somit der valideste Cue, jedoch auf die Konfliktvalidität bezogen, d.h. diejenige Validität, die in konfliktträchtigen Sätzen die Satzverarbeitung leitet und sich von der allgemeinen Validität unterscheidet, welche der Cue-Validität entspricht, wie sie eben vorgestellt wurde.[8] Somit ist die allgemeine Cue-Validität keine gute Vorhersage für Cue-Stärke, sondern eher die Konfliktvalidität. Dieses ließ McDonald (1987) allgemein folgern, dass in der Erwachsensprache das Satzverstehen eher durch *conflict validity* als durch *overall validity* geleitet wird, eine Annahme, die durch Studien zum Französischen bestätigt werden konnte (vgl. Kail 1989). Als Ergänzung hierzu sind die Ergebnisse der Studie von Kempe/MacWhinney (1999) zu sehen. Die Autoren zeigen, dass der Informationswert eines Cues, sprich dessen Reliabilität, für das Satzverständnis wichtiger ist als dessen Frequenz. Somit ist mit hoher Wahrscheinlichkeit die Kasusmarkierung bei den Muttersprachlern des Niederländischen in der konfliktträchtigen Situation zuverlässiger als die Belebtheit.

Die Diskrepanz zwischen der Verfügbarkeit und der Reliabilität von Cues wurde in Kempe/MacWhinney (1999) anhand des Deutschen und Russischen empirisch untersucht. Die beiden Sprachen ähneln sind dahingehend, dass sie über ein vergleichbares Repertoire an Kasusmarkern verfügen und diese in beiden Sprachen als maximal reliabel gehandelt werden. Aus diesem Grund wurde angenommen, dass sich Muttersprachler beider Sprachen bei der Subjektzuweisung identisch verhalten. Die Ergebnisse eines Online-Experiments zeigen, dass sich die Sprecher bei der Satzinterpretation erwartungsgemäß auf die Kasusmarkierung als Cue verlassen. Allerdings ergeben sich Unterschiede in den Reaktionszeiten; die Muttersprachler des Russischen antworteten schneller als die deutsche Gruppe. Dieses führen die Autoren auf die Tatsache zurück, dass die Kasusmarkierung als Cue im Russischen verglichen mit

---

[8] Aus diesem Grund werden Cue-Validität und Allgemeine Validität in vielen Studien (wie auch in dieser), die das CM als theoretischen Rahmen verwenden, synonym gebraucht.

dem Deutschen verfügbarer ist. Somit stellten Kempe/MacWhinney die Gleichung auf, dass bei gleicher Reliabilität die höhere Verfügbarkeit die Reaktionszeit verkürzt und dass somit die statistische Eigenschaft eines Cues, sprich dessen Frequenz, einen Einfluss auf die Satzverarbeitung ausübt. Gleichzeitig veranschaulichen diese Ergebnisse auch das gegenseitige Beeinflussen der Cues untereinander: Wenn ein Cue maximal verlässlich, aber weniger verfügbar ist, dann wird die Stärke der anderen Cues wichtiger. Aufgrund der weniger hohen Zuverlässigkeit der Kasusmarkierung im Deutschen orientieren sich die Muttersprachler des Deutschen, im Gegensatz zu denen des Niederländischen, an dem Cue mit der zweithöchsten Zuverlässigkeit, also Belebtheit, und zwar zu einem viel höheren Grad als die Sprecher des Russischen. Um derartige Variationen erklären zu können, wurde die Variable *Cue-Cost* in das CM integriert.

2.2.4 Cue-Cost

Da es sich bei Cues um nichts anderes handelt als um einen Reiz aus der Umwelt, dessen Informationsgehalt der Organismus aufgrund des Mechanismus Cue-Stärke determiniert, meint Cue-Cost den Aufwand, der beim Erschließen dieses Informationsgehaltes entsteht. Die grundlegende Annahme ist, dass ein Hörer einen bestimmten Cue aufgrund von geringer Verständlichkeit und schwieriger Zuordnung (vgl. MacWhinney et al. 1985, MacWhinney/Pléh 1989)[9] als weniger zuverlässig ansieht. In Bezug auf derartige Verarbeitungsbeschränkungen haben bereits Ammon/Slobin (1979) sowie Kail/Chevillat (1988) zwischen *local* und *distributed* oder *topological cues* unterschieden:

> Local processing refers to the identification and interpretation of a cue within one lexical word without considering other words within the clause. [...] Topological processing refers to the identification and interpretation of cues coded across words (Kail/Charvillat 1988: 638f).

Demnach kann ein lokaler Cue "vor Ort" interpretiert werden und ist somit weniger aufwändig in der Verarbeitung als ein topologischer Cue, der zunächst im Kurzzeitgedächtnis gespeichert und mit allen möglichen Satzvariablen verglichen werden muss, bevor er bewertet werden kann. Im Deutschen gehört der lexikalisch-

---

[9] Mit Verständlichkeit ist die Schwierigkeit gemeint, einen Cue in einer Äußerung aufzudecken. Wenn ein Cue schwierig zu entschlüsseln ist, dann wird dessen Erwerb erst zu einem späteren Zeitpunkt eintreten als der eines Cue mit hoher Frequenz und Salienz (vgl. MacWhinney et al. 1985).

semantische Cue "Belebtheit" sowie die Kasusmarkierung zu den lokalen Cues, wohingegen Kongruenz den topologischen Cues zugeordnet wird. Hinsichtlich der Strategien für die Interpretation der ersten NP bedarf es, so Lindner (vgl. 2003: 220), mehr lokaler Verarbeitung, wohingegen der Gebrauch einer NP und eines Verbs oder zweier NPs in einem Satz durch verstärkte distributive Verarbeitung geleitet wird (vgl. Abbildung 3):

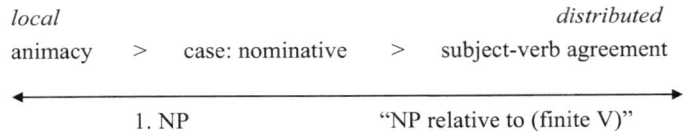

Abbildung 3: Lokale und distributive Cues im Deutschen (Lindner 2003: 219)

In diesem Zusammenhang schreiben Bates/MacWhinney (vgl. 1989) für den Erwerb des 3. Person Singular s-Flexionsmorphems im Englischen, dass ein Kind sowohl das Nomen, welches mit dem Verb kongruiert, als auch das Verb selbst sowie weitere Nominalphrasen abspeichern muss, welche auch mit dem Verb kongruieren könnten. Dieses stellt eine schwere Aufgabe für den mentalen Arbeitsspeicher dar und Kinder werden sich zunächst an lokalen Cues orientieren, bevor sie in einem späteren Stadium auch globale Cues in ihr System integrieren (vgl. Year 2003: 12). Aus dieser Perspektive ist Cue-Zuweisung direkt mit dem Spracherwerb verbunden, da Aspekte der Verarbeitung berücksichtigt werden, die sowohl Einfluss auf die Kompetenz (im Fall des Spracherwerbs)[10] als auch Einfluss auf die Performanz (im Fall von Aphasien) haben. Für den Erwerb der deutschen Sprache gilt dann Folgendes: Wenn Cue-Reliabilität der wichtigste Cue zu Beginn des Spracherwerbs ist, wie von MacWhinney et al. (1984) vorgeschlagen, oder Cue-Cost, wie es die *Local Cue Hypothesis* (Slobin 1982) annimmt, dann sollten Kinder zunächst Sätze mit eindeutiger Kasusmarkierung verstehen können. Wenn aber die Verfügbarkeit eines Cues den entscheidenden Faktor beim Spracherwerb darstellt, so ist v.a. die Frequenz des sprachlichen Inputs ausschlaggebend, was dazu führt, dass zunächst diejenigen Sätze

---

[10] Der Einfluss auf die Kompetenz meint hier den Einfluss auf deren Erwerb, die Reihenfolge und Geschwindigkeit des Erwerbs.

verstanden werden sollten, die die erste NP mit dem Agens des Satzes besetzen, unabhängig von der Kasusmarkierung. Dieses wäre auch gleichzeitig die prototypische Variante. Generell wäre es auch möglich, dass Verfügbarkeit, Reliabilität und Prototyp zu jeweils unterschiedlichen Stadien des Spracherwerbs eine unterschiedliche Rolle spielen.

2.2.5 Hypothesen

Im Rahmen des CMs wird Sprache nicht als eine Zusammenstellung von Eigenschaften mit absolutem Wert (also grammatischen Regeln) angesehen, sondern als eine Zusammenstellung von wahrscheinlichkeitstheoretischen Form-Funktions-Verbindungen. Auf diesem theoretischen Konzept aufbauend wurden einige explizite Vorhersagen bezüglich der Satzverarbeitung und des Spracherwerbs formuliert (vgl. Bates et al. 1982, Bates/MacWhinney 1989, Kail 1989). Die zentralen Hypothesen lauten:

1. Cue-Stärke und Cue-Validität sind einzelsprachenabhängig.

2. Cue-Validität determiniert Cue-Stärke dahingehend, dass der häufigste und zuverlässigste Cue zuerst erworben wird. Für Erwachsene ist die Zuverlässigkeit eines Cues ausschlaggebend.

3. Cue-Cost beeinflusst den Erwerb von Cues und deren Gebrauch, saliente Cues werden früher erworben als schwer segmentierbare und lokale Cues werden vor globalen Cues erworben.

4. Die Cue-Stärke beeinflusst die Online-Verarbeitung, dahingehend, dass stärkere Cues schneller verarbeitet werden, woraus schnellere Reaktionszeiten resultieren. Außerdem beschleunigen übereinstimmende Cues die Satzinterpretation, wohingegen Cues, die im Widerspruch zueinander stehen, langsamer verarbeitet werden.

Diese Vorhersagen wurden seit den 1980er Jahren in einer Vielzahl von sprach-
vergleichenden Studien sowohl an Kindern als auch an Erwachsenen überprüft. Insgesamt wurden mehr als 15 Sprachen untersucht, u.a. Chinesisch (Li 1999, Su 2001,
2004), Deutsch (Kempe/MacWhinney 1998, Lindner 2003), Englisch (Bates et al.
1984, McDonald 1987), Französisch (Kail 1989), Italienisch (Devescovi et al. 1998),
Niederländisch (McDonald 1986) und Ungarisch (Pléh 1989). Während in den ersten
Experimenten Offline-Methoden[11] verwendet wurden, werden seit den 1990er Jahren
vermehrt Online-Tests durchgeführt, die es ermöglichen, Reaktionszeiten zu messen
(Bates et al. 1999, Devescovi et al. 1999). In den Studien wird primär der These
nachgegangen, dass Cue-Stärke eine Funktion von Cue-Validität ist. Es wird getestet,
ob die Reihenfolge der berechneten Cue-Validität mit der Reihenfolge der Wahl des
Nomens, die die Cue-Stärke widerspiegelt, übereinstimmt. Die meisten Studien konnten dies bestätigen und Tabelle 2 (aus Young 2003) fasst die einzelnen Cue-Stärken
in den unterschiedlichen Sprachen zusammen:

---

[11] Einen Überblick über die Methoden der psychologischen Satzverarbeitungsforschung bietet
Haberlandt (1997).

Language	Cue strength of adult speakers	Study
Arabic	Gender agreement > case marking > animacy	Taman (1993)
Chinese	Passive marker *bei* > animacy > word order > object marker *ba* > indefiniteness marker *yi*	Li/Bates/MacWhinney (1993)
Croatian	Case marking > word position (initial position) = gender agreement > animacy	Mimica/Sullivan/Smith (1994)
Dutch	Case inflection > SVO > animacy	McDonald (1986)
English	Word order (SVO) > VOS,OSV > >case inflection > agreement, animacy	McDonald (1987)
French	Subject/object clitic pronoun agreement > verb agreement > noun animacy > word order	McDonald/Heileman (1991)
Spanish	Accusatice preposition *a* > SV agreement > Clitic agreement > word order	Kail/Charvillat (1988)
German	Case marking > animacy > agreement > word order	MacWhinney/Bates/Kliegl (1984)
Hebrew	Object marker > word order > subject-verb gender agreement	Sokolov (1989)
Hindi	Case marking	Vaid/Pandit (1991)
Hungarian	Case > SV Agreement > SVO,SOV > Animacy > VO agreement	MacWhinney/Pléh/Bates (1985)
Italian	SV agreement > clitic agreement > animacy > SVO > stress, topic	Devescovi/ D'Amico/ Smith/Mimica/Bates (1998)
Japanese	Case > animacy > SOV	Hakuta (1981, 1982)
Russian	Case marking > verb agreement > animacy > SVO > SOV > VSO	Kempe/MacWhinney (1998, 1999)
Turkish	Case > animacy > word order	Slobin/Bever (1982)
Warlpiri	Case > semantics and event probability > word order	Bavin/Shopen (1989)

Tabelle 2: Reihenfolge der Cue-Stärke von erwachsenen Muttersprachlern (Young 2003: 15f)

2.2.6 Methoden

Um diese Hypothesen zu überprüfen, muss, wie auch in anderen Bereichen der Psycholinguistik, experimentelles Testmaterial verwendet werden, welches den Versuchspersonen zumindest unbewusste Verarbeitungsschwierigkeiten bereitet. Um diesen im weitesten Sinne defizitären Modus (vgl. Gieseking 2000: 29) zu kreieren, werden Modellsätze konstruiert, in denen unterschiedliche, konvergierende und im Wettkampf zueinander stehende Cues miteinander kombiniert werden. Hierzu gehören Satzstellung, Kasusmarkierung, Subjekt-Verb-Kongruenz und semantische Informationen. Die orthogonale Kombination der Cues führt automatisch zu grammatischen und ungrammatischen Sätzen (vgl. Year 2003: 14). Diese strukturell ambigen Konstruktionen unterscheiden sich in lokaler und globaler Mehrdeutigkeit. Bei ersterer kann die Ambiguität durch entschlüsselnde syntaktische oder semantische Informationen, die im späteren Verlauf des Satzes auftreten, aufgelöst werden. Bei echter globaler Ambiguität hingegen lässt sich innerhalb der untersuchten Konstruktion weder durch syntaktische noch durch semantische Hinweise eine Lesart ausschließen. Allenfalls der Kontext kann zur Entschlüsselung beitragen. Auch wenn einige Forschungsdesigns komplexe Sätze (z.B. Relativsätze bei Bates et al. 1999, Jackson 2007) vorsehen, so bestehen die Mehrzahl der Stimuli aus einfachen transitiven Sätzen. In den meisten Studien besteht die Aufgabe der Probanden dann darin, das Agens in diesen Handlungen zu bestimmen.

Die Methode der ungrammatischen Stimuli wurde von Kritikern des CMs als dessen schwächster Punkt angesehen (vgl. Gibson 1992, McLaughlin/Harrington 1989). Auch Year (vgl. 2003: 14) weist auf diese Problematik in psycholinguistischen Experimenten hin. MacWhinney und Bates selbst begründen diese gängige Praxis mithilfe der *Ecological Validity Hypothesis* (vgl. MacWhinney et al. 1985: 199). Dieser Hypothese zufolge werden bei der Verarbeitung von ungrammatischen Sätzen die gleichen Cues genutzt und es laufen die gleichen Verarbeitungsprozesse ab wie bei der Verarbeitung von grammatisch korrekten Sätzen. Auf die Argumente von Gibson (1992) erwiderten MacWhinney/Bates (1994), dass die Daten aus Experimenten, welche Reaktionszeiten bei der Interpretation von sowohl grammatischen als auch ungrammatischen Sätzen maßen, keine Diskontinuität zwischen den beiden Satztypen aufwiesen. So ergaben die Experimente zum Ungarischen und Kroatischen (vgl. MacWhinney/Pléh 1988, Mimica et al. 1994), welche die gleiche syntaktische Form in zwei Gruppen von grammatischen und ungrammatischen Stimuli verwendeten, nahezu identische Ergebnisse. Auch wurden in vielen Studien zum CM nur grammatisch korrekte Sätze verwendet, diese kamen jedoch zu den gleichen Ergebnissen wie Untersuchungen, in denen beide Satztypen verwendet wurden. Des Weiteren ist nach Meinung von MacWhinney/Bates der Gebrauch von ungrammatischen Formen analog dem Gebrauch von Illusionen in der Forschung zu visueller und auditiver Wahrnehmung zu verstehen. Die dort gezogenen Schlussfolgerungen ließen sich demnach auch auf die Studien zur Sprachverarbeitung übertragen und zwar dahingehend, dass ungrammatische Sätze systematische Informationen über die Quellen ergeben, die der Hörer in seiner Sprache bevorzugt. Zuletzt unterstreichen MacWhinney/Bates, dass es bei der Satzverarbeitungsforschung darum geht, allgemeine Verstehensmuster der Satzverarbeitung zu erklären, da diese viel ausschlaggebender sind als die Ergebnisse für das Verstehen eines einzelnen grammatisch korrekten Satzes.

Trotz dieser Argumente wurde die *Ecological Validity Hypothesis* von McLaughlin und Harrington (1989) in Frage gestellt. Sie kritisieren an dem Forschungsdesign des CMs, dass es nicht möglich ist, zu kontrollieren, ob Sprecher bei der Wahl des Agens in von der Regel abweichenden Sätzen andere Mechanismen verwenden als dies in der Alltagssprache geschehen würde. Die Autoren vermuten bei dieser Art von Satzinterpretation eine spezielle Problemlösungsstrategie. Somit ist der Ausgang dieser Debatte ungeklärt, fest steht aber, dass die Methode noch immer eine weit verbreitete ist und auch in den neuesten Studien zur Satzverarbeitung angewendet wird. Auch stellt sich in diesem Zusammenhang die Frage, was genau „ungrammatisch" bedeutet. Schließlich werden in den Studien zur Kapazität des mentalen Arbeitsspeichers von Gibson (vgl. Grodner/Gibson: 2005), einem der Kritiker des CMs, Schachtelsätze verwendet, deren Interpretation nahezu unmöglich ist. So wie auch diese Sätze als „falsch" verstanden werden könnten, so ist es auch möglich zu argumentieren, die teilweise in CM-Studien verwendeten Stimuli seien „fragmentarisch." Für Mitchell (1994: 376) resultiert die schwierige Gestaltung von Testsätzen für die Untersuchung von Satzverarbeitung aus der Tatsache, dass diese sehr schnell abläuft. Den aktuellen Forschungsstand fasst er wie folgt zusammen: „[...] it has proved almost impossible [until now] to develop experimented measures that can convincingly be demonstrated to quantify the full range of parsing operations at the point in processing when they initially occur."

2.3 Satzverarbeitung und Mehrsprachigkeit: Das *Unified Competition Model*

Im Folgenden soll die Ergänzung der klassischen Version des CM vorgestellt werden, mit welchem MacWhinney versucht, allen Formen des Spracherwerbs gerecht zu werden. Daher lässt sich das Modell nicht nur auf die Satzverarbeitung in der Mutter-, sondern auch in der Fremdsprache sowie auf Mehrsprachigkeit anwenden (vgl. MacWhinney 2005: 81). Das "Neue" an diesem Modell sind die Aspekte von *Arena, Storage, Chunking, Codes* und *Resonance* (vgl. Abbildung 4):

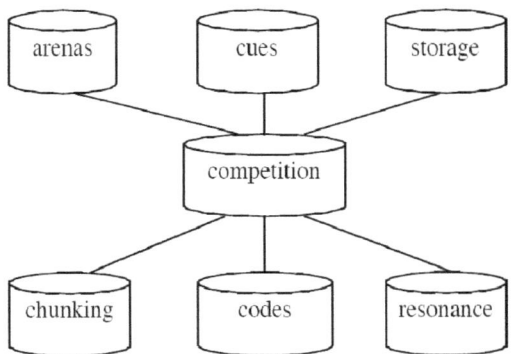

Abbildung 4: Das *Unified Competition Model* (MacWhinney 2005: 84)[12]

Wie auch in der klassischen Version des CM steht ein Verarbeitungssystem im Zentrum, welches die einzelnen Cues auf der Basis ihrer relativen Cue-Stärke einstuft. In der klassischen Version baute dieser Wettkampf der Cues auf deren Summe und gleichzeitiger Aktivierung auf. Im *Unified Competition Model (UCM)* hingegen wird der Wettkampf der Cues durch die Resonanz ausgelöst (ebd. 84).[13]

---

[12] MacWhinney (2005: 83) macht deutlich, dass diese Figur nicht als ein Verarbeitungsmodell interpretiert werden darf. Stattdessen sei es „a logical decomposition of the general problem of language learning into a series of smaller, but interrelated structural and processing components."

[13] Die Annahmen und Überlegungen des *Unified Competition Models* zum kindlichen Spracherwerb werden größtenteils ausgeklammert, da sie für die hier vorliegende Untersuchung nicht relevant sind. Für einen Überblick vgl. MacWhinney (2004, 2008).

2.3.1 Arena

Mit „Arena" bezeichnet MacWhinney diejenigen traditionellen Teilgebiete der Linguistik, zwischen denen der Wettkampf abläuft, d.h. Phonologie, Lexik, Morphosyntax und Konzeptualisierung.[14] Auf der Ebene des Satzverstehens geht es um die akustische Verarbeitung, die lexikalische Aktivierung sowie die Entschlüsselung thematischer Rollen für eine bedeutungstragende Interpretation. Das Verarbeiten innerhalb jeder dieser Arenen wird durch die Kombination von verschiedenen neuronalen Verbindungen unterstützt (vgl. MacWhinney 2005: 84).

2.3.2 Storage

Mit dieser neuen Komponente versucht MacWhinney die Leistung des mentalen Arbeitsspeichers in das Modell zu integrieren. Es wird unterstrichen, dass das Lernen von neuen Form-Funktions-Verbindungen in engem Zusammenhang sowohl zum Kurz- als auch zum Langzeitgedächtnis steht (vgl. ebd.). So werden eingehende Laute im Kurzzeitgedächtnis zu Wörtern verbunden und auch dort nach syntaktischen Regeln zusammengeführt. Bei der Satzverarbeitung ohne Zeitlimit spiegelt das Antwortverhalten erwachsener Sprecher die kumulative Validität aller relevanten Cues wieder. Wenn Versuchspersonen jedoch Online-Experimenten ausgesetzt sind, sind ihre Entscheidungen durch Cue-Cost-Faktoren eingeschränkt, die aus der Überlastung des Kurzzeitgedächtnisses resultieren, welches gerade bei der Interpretation von komplexen Sätzen eine tragende Rolle spielt (vgl. MacWhinney 2005: 83). Diese Beobachtung ist eng an den Faktor Alter geknüpft, denn der mentale Arbeitsspeicher ist erst zu einem gegebenen, ontogenetischen Zeitpunkt in der Lage, bestimmte Konstruktionen zu verarbeiten. Im Italienischen beispielsweise beherrschen Kinder die Subjekt-Verb-Kongruenz aufgrund der Komplexität des Flexionsparadigmas erst um das 8. Lebensjahr herum sicher, unabhängig von dessen Stärke, wie sie für Erwachsene ausfindig gemacht werden konnte (vgl. Devescovi et al. 1998).

---

[14] MacWhinney (2005: 83) unterstreicht, dass die Integration der Komponente „Arena" nicht als Zugeständnis an modulare Auffassungen zu deuten ist.

2.3.3 Chunking

Mit „Chunking" fügt MacWhinney (2005: 92) dem CM eine Variable hinzu, mithilfe derer der Erwerb von Argumentstrukturen erklärt werden kann. Gemeint ist der Prozess, in dem Lerner einer Erst-, Zweit- oder Fremdsprache Form-Funktions-Verbindungen zunächst unanalysiert aus der Umgebung aufnehmen. Hierin zeigt sich die Nähe des UCM zur Konstruktionsgrammatik und besonders zu gebrauchsgestützten (*usage-based*) Modellen (vgl. Langacker 2000). Demnach erwerben Lerner einer zusätzlichen Sprache analog zum kindlichen Spracherwerb die Verbvalenz auf der Grundlage von Konstruktionen (vgl. Tomasello 2003). Da diese allgemein als ein Inventar von Form-Bedeutungspaaren angesehen werden, bedeutet Valenzerwerb, den einzelnen Argumenten innerhalb einer bestimmten Konstruktion eine Bedeutung zuzuordnen. Dieses Wissen ist zunächst an ein bestimmtes Verb gebunden. Mit zunehmender Spracherfahrung vergleicht der Lerner in mentalen Strukturierungsprozessen die einzelnen „item-based constructions" miteinander (ebd.: 117ff) und segmentiert sie in ihre einzelnen Komponenten. Dieser Vorgang impliziert auch das Durchschauen der kommunikativen Absicht eines Sprechers: Durch einen Vergleich von Sätzen des Typs *X VERB Y* und *Y VERB X* sowie der dazugehörigen Umwelt werden Aktiv-Passiv-Konstruktionen erworben. Es wird deutlich, dass i.A. das Agens in der präverbalen und das Patiens in der postverbalen Position steht, die Rollen aber zu vornehmlich pragmatischen Zwecken ihre Position wechseln können. Auf diese Weise erwerben Kinder und auch erwachsene L2-Sprecher ein globales Verständnis der einzelnen Konstruktionen, was den kreativen Sprachgebrauch ermöglicht.

Gleichzeitig spielt Chunking auch für den Grammatikerwerb eine zentrale Rolle, denn in flektierenden Sprachen, wie im Deutschen, müssen Lerner für die korrekte Produktion von transitiven Sätzen auch das Kasusmarkierungsparadigma erwerben. Für das Deutsche erfolgt das Aufdecken thematischer Rollen durch das Memorisieren der aus dem Form-Bedeutungspaar *[den X_{Mask}]* – *Patiens* bestehenden Konstruktion, da sich Substantive im Femininum und Neutrum aufgrund des Kasussynkretismus im Deutschen nicht voneinander unterscheiden. Dieses Speicherverfahren unterstreicht die bedeutende Rolle von *Chunks* für die Automatisierung grammatischer Strukturen. Gerade durch feste Formeln können Sprachenlerner an Flüssigkeit und Sicherheit gewinnen. Dennoch räumt MacWhinney (vgl. 2005: 85) ein, dass es viel zu viele mögliche *Chunks* gibt, als dass man sie lernen könne. Folglich sollten sie eher als Schemata gedacht werden, die durch bestimmte Items gefüllt werden.

2.3.4 Codes

Ein Model für Ein- und Mehrsprachigkeit sowie Spracherwerb muss Interlanguage-Phänomene wie Transfer und Code-Switching erklären können und gleichzeitig eine Antwort auf Phänomene geben, die unter den Termini Fossilisierung (Selinker 1972) und *Critical Period* (vgl. Birdsong 1999) ihren Niederschlag in der Literatur fanden. Aus diesem Grund ist es für das UCM von Bedeutung, eine klare Theorie für die Sprachaktivierung bereitzustellen. In Bezug auf den Wettkampf von Sprachen, hier „Codes", unterscheidet das Modell zwischen Transfer und Interaktion. Die Transfer-Theorie wurde entwickelt, um Vorhersagen sowohl für positiven als auch negativen Transfer in den verschiedensten Bereichen aufstellen zu können, wobei von Folgendem ausgegangen wird: „Whatever can transfer will" (MacWhinney 2005: 93). Diese Annahme liegt in der Tatsache begründet, dass das UCM kognitive Verarbeitung als einen interaktiven Prozess begreift. Demzufolge muss davon ausgegangen werden, dass es trotz kontrollierter und koordinierter Interaktionen zwischen Sprachen zu einer Vielzahl von Transferphänomenen kommt. Diese treten auf allen sprachlichen Ebenen auf, auch in der Satzverarbeitung,[15] wie empirische Untersuchungen aufgezeigten (vgl. Kilborn 1989; McDonald 1989, Jackson 2007). Gemäß diesen Studien kann der Erwerb der spezifischen Satzverarbeitungsstrategien einer Fremdsprache als ein gradueller Prozess angesehen werden. Zunächst gewichten Lerner die Cues bei der Verarbeitung der L2 eher nach deren Stärke in der L1. Dieses ändert sich mit der fortschreitenden Sprachbeherrschung, denn die Stärke der einzelnen Cues wird erneut justiert und damit an die neue Sprache anpasst (vgl. MacWhinney 2005: 95, für gegenteilige Evidenz siehe Felser et al. 2003, Papadopoulou/Clahsen 2003).[16]

---

[15] Neben dem Transfer in der Sprachrezeption zählt MacWhinney hierzu noch den akustischen, phonologischen, lexikalischen, morphologischen und pragmatischen Transfer sowie Transferphänomene, die in der Satzproduktion zu beobachten sind (für eine detaillierte Darstellung vgl. MacWhinney 2005, 2008).

[16] Die zweite Theorie ist die der Code-Interaktion, welche für die folgende Untersuchung nur von geringer Bedeutung ist. Sie dient dazu, Sprachwahl und Sprachmischungen in das Modell zu integrieren (vgl. MacWhinney 2005: 86

2.3.5 Resonance

Vielleicht das wichtigste neue Gebiet des UCM ist die *Resonance*-Theorie. Diese verbindet das Modell mit der Kognitionsforschung sowie mit Verarbeitungsmodellen neuronaler Netzwerke. Resonanz meint in gewisser Weise die Reaktion des mentalen Prozessors auf einen bestimmten Input und steht damit in engem Zusammenhang zur Code-Aktivierung. MacWhinney (vgl. 2005: 85) nimmt an, dass akustische Reize diejenigen Netzwerke ansprechen, die sich zwischen den beiden Hemisphären befinden. Wenn diese aktiviert sind, kann der Hippocampus die Form-Funktions-Beziehungen lange genug speichern, um eine erste Verknüpfung im Gehirn zu erzeugen. Deren wiederholte Aktivierung festigt die eingegangene Konstruktion oder ein bestimmtes Wort im mentalen Lexikon. Beim Erwerb von Muttersprachen läuft dieser Prozess automatisch ab, wohingegen die Zuordnungen bei Zweit- und Fremdsprachenlernern durch mangelnde Aktivierung erschwert werden. Die Komponente Resonanz ist deshalb so zentral, weil sie hilft, Sprachentrennung und altersbedingte Effekte zu verstehen (vgl. ebd.: 86). Die Aktivierung einer bestimmten Sprache bei mehrsprachigen Individuen hängt eben genau von Faktoren wie der vorhergehenden Sprache, den Lücken im Vokabular oder von soziolinguistischen Einflüssen ab (vgl. MacWhinney 2004: 55). Wenn oft auf eine bestimmte Sprache zugegriffen wird, befindet sie sich in einem resonanten Zustand und es kommt nur selten zu sprachlichem Transfer. Für zweisprachig aufwachsende Kinder nimmt das Modell daher an:

> When the child's two languages are roughly similar in dominance or strength, each system generates enough system-internal resonance to block excessive transfer. However, if one of the languages is markedly weaker, then it will not have enough internal resonance to block occasional transfer (MacWhinney 2005: 93).

Für Fremd- und Zweitsprachenlerner ist die zusätzlich erworbene Sprache i.d.R. schwächer als die Muttersprache. Auch wenn andere Sprachen (zumindest passiv) jederzeit verfügbar sind, so geschieht deren Aktivierung in einem verzögerten Modus. Dieses trifft vornehmlich auf plötzliche Sprachwechsel zu, auf die ein Sprecher nicht vorbereitet ist. Um also die Resonanz in der L2 zuzulassen, müssen Lerner zusätzliche Strategien anwenden, um die auditiven Informationen zu entschlüsseln (ebd.). Wie eingangs angedeutet, nimmt diese neue Komponente im Rahmen des UCM die zentrale Stellung ein und löst damit die Cue-Stärke ab. Dies ist darauf zurückzuführen, dass alle weiteren im Zusammenhang mit „mentalen Wettkämpfen" ablaufenden Prozesse erst eingeleitet werden können, wenn eine bestimmte Sprache aktiviert, d.h. resonant ist.

2.4 Die Rolle sprachlichen Inputs

Da Cue-Validität, Verfügbarkeit und Zuverlässigkeit im Rahmen des CMs als Eigenschaften des Inputs angesehen werden, erweist sich das *Input Model* von VanPatten (1996, 2004) als eine sinnvolle Ergänzung, um Satzverarbeitungsprozesse zu erklären. In seinem Modell zur Verarbeitung von sprachlichem Input untersucht VanPatten die Verbindung zwischen den Verarbeitungsstrategien von Sprechern einer Fremdsprache und dem Fremdspracherwerb. Auf der These aufbauend, dass Lerner „limited-capacity processors" (McLaughlin et al. 1983: 136) sind, spricht sich VanPatten dafür aus, dass besonders Sprachanfänger ihre Aufmerksamkeit selektiv auf bestimmte Hinweise lenken, „[so that they] process input for meaning before they process it for form" (VanPattern 2004: 7). Gerade bei geringeren Sprachkenntnissen konnte herausgefunden werden, dass sich Lerner mehr auf semantisch-basierte Strategien verlassen, anstatt strukturelle Informationen eines Satzes zu verarbeiten. Somit nehmen die Lerner den Inhalt von Wörtern schneller wahr als die grammatischen Hinweise, wie z.B. Flexionsmorpheme (vgl. ebd.: 9). Außerdem seien sie abhängig von „event probabilities" (ebd.: 16), wozu VanPatten besonders die Wahrscheinlichkeit zählt, dass ein bestimmtes Ereignis in der realen Welt geschieht. Wenn sich Lerner semantischer Strategien bedienen, dann sollten die Schwierigkeiten, die bei den Bedingungen zu erwarten sind, in denen das Objekt in der Erstposition steht, durch die Wahl nur eines belebten Substantivs gedämpft werden. Die korrekte Interpretation der grammatischen Rollen wäre folglich anhand von semantischen Informationen und Weltwissen möglich ohne unbedingt der Verarbeitung struktureller Cues zu bedürfen. Neben dieser Sensibilität für semantische Eigenschaften geht VanPatten von einem „first noun principle" aus, demzufolge „learners tend to process the first noun or pronoun in a sentence as the subject or agent (ebd.: 15)." Dies geschieht auch, wenn andere morphologische Informationen eine andere NP als Subjekt vorhersagen. Erst wenn Lerner grammatische Hinweise wie Subjekt-Verb-Kongruenz und Kasusmarkierung in ihr sich entwickelndes L2-System aufgenommen haben, sind sie imstande, auch solche formalen Eigenschaften in die Satzverarbeitung zu integrieren.

3. SATZVERARBEITUNG IN DER ZWEITSPRACHE DEUTSCH

Die im Folgenden vorgestellten zwei Experimente untersuchen die Satzverarbeitungsstrategien von Lernern des Deutschen als Zweitsprache mit Erstsprache Türkisch im Vergleich zu einer monolingualen Kontrollgruppe. Um bei der Präsentation der Ergebnisse mögliche Strategietransferphänomene zu diskutieren, erscheint es notwendig, zunächst einen Überblick über die Cues zu geben, die die Satzverarbeitung im Türkischen leiten.

3.1 Cues im Türkischen – Ein Überblick

Wie auch die deutsche Sprache verwendet das Türkische Belebtheit, Kasusmarkierung, Wortstellung und Subjekt-Verb-Kongruenz, um die thematischen Rollen in transitiven Sätzen zuzuweisen.

3.1.1 Belebtheit

Sowohl im Deutschen als auch im Türkischen spielen die semantischen Eigenschaften der beteiligten NPs eine entscheidende Rolle. Jedoch koinzidieren im Türkischen die Faktoren [+belebt] bzw. [-belebt] mit einigen Wortstellungsregeln. So besteht ein direkter Zusammenhang zwischen der Stellung der NP und deren Semantik (vgl. Erguvanlı 1984: 14ff). Diese Restriktionen gelten allerdings nur für unbestimmte NPs.[17] Daher formuliert Erguvanlı (ebd.: 17) die folgende Regel: „Indefinite subject NPs that are [-animate] are restricted to the immediately preverbal position."

(1) Murat liest ein Buch. [18]

  Bir Kitap Murat ok –uyor
  Ein Buch Murat lesen-PROG

  *Murat bir kitap (DO: indef., nicht spezifiziert) *ok –uyor*
  Murat ein Buch   lesen-PROG

---

[17] Da das Türkische keinen bestimmten Artikel hat, übernimmt die Zahl *bir* ‚eins' die Rolle des unbestimmten Artikels. Das Nichtvorhandensein von *bir* dient als Indikator für Definitheit (vgl. Erguvanlı (1984: 18).

[18] Es handelt sich hierbei um eine Übersetzung aus dem Englischen.

Für solche, die [+belebt] sind, gilt diese Einschränkung nicht:

(2) Murat liest das Buch./ Das Buch liest Murat.

Murat kitapı   ok –uyor.

Murat Buch-AKK lesen-PROG

Kitapı   Murat ok –uyor.

Buch-AKK Murat lesen-PROG

Erguvanlı (ebd.) gibt hierfür die Erklärung, dass die Satzerstposition die des Topiks ist und Belebtheit eine dem Topik inhärente Eigenschaft. Hier zeigt sich die Trennung zwischen Subjekt und Topik, im Türkischen müssen Topiks bestimmt sein, Subjekte jedoch nicht.

3.1.2 Kasusmarkierung

Das türkische Flexionsparadigma ist komplexer als das der deutschen Sprache, aber es ist regelmäßig und erweist sich somit als eindeutiger Cue für die Satzinterpretation. Das Kasussystem ist nominativisch-akkusativisch; insgesamt lassen sich sieben Kasus unterscheiden: Nominativ, Akkusativ, Dativ, Ablativ, Lokativ, Genitiv, Instrumental. Dabei ist der Nominativ die unmarkierte Form, der Instrumental wird entweder klitisch oder als Postposition realisiert, alle anderen Kasus werden morphologisch als Suffixe ausgedrückt, welche nach den Regeln der Vokalharmonie an das Substantiv angeglichen werden (vgl. Schröder 2000: 1).[19] Da das im Nominativ stehende Subjekt unmarkiert ist, müssen Türkisch lernende Kinder folglich nur die jeweiligen Objektmorpheme lernen, um semantische Rollen korrekt zu interpretieren (vgl. Slobin/Bever 1982: 241). Die einzige Ausnahme sind indefinite Akkusativobjekte, die nicht flektiert werden; weshalb in Sätzen mit einem indefiniten Akkusativobjekt zwei unflektierte NPs vorliegen. Hier leitet im Türkischen die Wortstellung die Satzinterpretation: „When the object NP has no case-marking, it must occur in the position immediately preceding the verb" (Erguvanlı 1984: 27). Somit sind nur die Wortstellungen OVS und SOV möglich (vgl. Batman-Ratyosyan/Stromswold 1999: 38).

---

[19] In der klassischen morphologischen Typologie gehört Türkisch zu den agglutinierenden bzw. suffigierenden Sprachen.

3.1.3   Wortstellung

Nach der Wortstellung lässt sich Türkisch den SOV-Sprachen zuordnen. Diese kanonische Stellung der Satzglieder variiert jedoch in Abhängigkeit von ihren diskurspragmatischen Funktionen; entscheidend ist hier die Fokusposition unmittelbar vor dem Verb und die Topikposition am Satzanfang (vgl. Erguvanlı 1984). Aufgrund der zuverlässigen Kasusmarkierung erfüllt die Wortstellung im Türkischen keine „primär" grammatische Funktion (vgl. ebd.: 5). Lediglich in den transitiven Sätzen, in denen keine NP kasusmarkiert ist und auch von der Semantik keine Rückschlüsse auf die Argumentstrukturen gezogen werden können, weist die Wortstellung, wie unter 3.1.2 erläutert, auf die semantischen Rollen. Im Allgemeinen gilt SOV als die unmarkierte Wortstellung (vgl. Underhill 1986: 17):

(3) Ich schicke den Brief.
   (Ben) mektup –u gönder –iyor –um.
   ich   Brief   OBJ schicken PROG 1SG

Jedoch ermittelte Slobin (vgl. 1978: 18) in einer Korpusanalyse,[20] dass fast die Hälfte aller Sätze (47% bei den Kindern und 44% bei den Erwachsenen) das Verb nicht an letzter Stelle haben. Slobin/Bever (vgl. 1982: 235) kamen in einer ähnlichen Analyse von einem Child Directed Speech-Korpus zu vergleichbaren Ergebnissen. Auch in der an Kinder gerichteten Sprache wählen die Erwachsenen in 38% NVN (davon 66% SVO), 56% NNV (davon 86% SOV) und in 6% VNN (davon 100% VSO). Dementsprechend werden NNV-Sätze am häufigsten verwendet, gefolgt von NVN und VNN. Hinsichtlich der Argumentstruktur zeigte sich, dass nur in 48% der Sätze das Subjekt vor dem Objekt genannt wird, weshalb die kanonische Wortstellung nur in der Hälfte aller Sätze auftritt (ebd: 236). Damit erweist sich Türkisch als eine Sprache mit relativ flexibler Wortstellung, weshalb Erguvanlı (1984: 2) bemerkt, dass nicht mehr von einer „stylistischen Variante" gesprochen werden kann: „Word order, then, appears to have a fairly well-defined function." Generell ist es möglich, zu pragmatischen Zwecken von der kanonischen Wortstellung abzuweichen. Dieses Scrambling geschieht sowohl in der gesprochenen als auch in der geschriebenen

---

[20] Der Korpus für Erwachsensprache bestand aus ca. 500 Sätzen, der für Kindersprache beinhaltet Äußerungen von 14 Kindern im Alter von 2;2-3;8 mit jeweils ca. 100 Äußerungen pro Kind.

Sprache und folgt zwei Prinzipien: Zunächst liegt der Fokus auf dem Satzglied, welches dem flektierten Verb direkt vorangeht:

(4) Jetzt schicke ich *den Brief.*
    Şimdi mektup –u   gönder –iyor –um.
    jetzt   Brief AKK schicken PROG 1SG

(5) *Ahmed* schickt den Brief.
    Mektup –u   Ahmed   gönder –iyor.
    Brief   AKK Ahmed schicken PROG

Des Weiteren sind postverbale NPs für Informationen reserviert, die z.B. als Hintergrundinformationen gelten, nachgeschoben werden oder bereits aus dem Kontext bekannt sind:

(6) Letztendlich fand Ahmed eine Arbeit.
    En sonunda iş   bul   –du   Ahmed.
    letztendlich Arbeit finden PAST Ahmed.

(7) Ich habe ihn gerade geschickt, den Brief.
    Şimdi gönder   –di   –m mektup –u.
    gerade schicken PAST 1SG Brief AKK

Die Verberststellung tritt v.a. in imperativen Sätzen auf:

(8) Tritt nicht auf die Katze!
    Bas   –ma kedi   –ye
    treten NEG Katze DAT

(9) Gib den Kindern keine Streichhölzer!
    Ver   –me çocuğ –a   kibrit   –ler –i.
    geben NEG Kind DAT Streichholz PL AKK

Diese Flexibilität unterstreicht noch einmal die Wichtigkeit für Kinder mit Türkisch als Muttersprache, rasch das morphologische Markierungssystem zu erwerben.

3.2 Experiment 1: Satzimmanente Interpretationsstrategien

In dem folgenden Offline-Experiment wird der Frage nachgegangen, ob Schüler, die Deutsch als Zweitsprache erworben haben, sich bei der Satzinterpretation einfacher transitiver Stimuli wie die monolingual deutschsprachige Kontrollgruppe verhalten oder ob sie sich von den Strategien ihrer L1 Türkisch leiten lassen. Auch wird dem Zusammenhang zwischen Sprachstand und Satzverarbeitung nachgegangen. Hierfür wurde der C-Test von Baur/Meder (1994) durchgeführt (vgl. Anh. 1), der die Schüler mit Migrationshintergrund in drei Stufen einteilt. Die erste Gruppe entspricht hierbei den Lernern, welche weniger als 76% erreichten, der zweiten Gruppe wurden die Schüler zugeordnet, deren Durchschnittswerte zwischen 77% und 85% lagen und die dritte Gruppe umfasst diejenigen Jugendlichen mit der höchsten Punktzahl.

3.2.1 Methodisches

Als Vorlage für dieses Experiment diente eine Studie von Lindner (2003), die sich mit den Satzverarbeitungsstrategien von normal entwickelten Kindern im Vergleich zu solchen mit Spezifischen Sprachentwicklungsstörungen beschäftigte. Das Design wurde dahingehend abgeändert, dass in der Studie von Lindner die Probanden einem Act-out-Task unterzogen wurden, wohingegen es sich hier um eine reine Hörverstehensaufgabe handelt. Diese Modifikation hat vielerlei Gründe: Zum einen waren die Teilnehmer an der Lindner-Studie deutlich jünger (2-9 Jahre) als die hier teilnehmenden Kinder und Jugendlichen, weshalb sich die allgemeine Frage der Altersangemessenheit von Act-Out-Tasks stellte, schließlich hätten 81 Sätze mit Spielzeugen dargestellt werden müssen. Da dieses Design möglicherweise von den jugendlichen Versuchspersonen als zu kindisch empfunden worden wäre, wurde die ursprüngliche Version verworfen. Ein weiteres Argument für das Verwenden eines Hörverständnistests liegt in den Gütekriterien begründet, denen derartige Experimente standhalten müssen: In Act-Out-Experimenten muss ein enger Kontakt zwischen Versuchsperson und Experimentleiter bestehen. Dieses bietet den Probanden generell die Möglichkeit, Nachfragen zu stellen und Satzwiederholungen einzufordern, die das Ergebnis verzerren können. Außerdem werden die Stimuli i.d.R. nicht aufgenommen, sondern den Probanden direkt vorgesprochen, wodurch für den Testenden die Gefahr besteht, unbewusst in der Intonation zu variieren. Dieses hat Auswirkungen auf die

Objektivität, Reliabilität und Validität des Experiments. Als letzter Grund sei die Praktikabilität angeführt: Eine Replikation der Lindner-Studie hätte ca. eine Stunde pro Teilnehmer gedauert.[21] Dieses wirft zum einen die Frage nach der Konzentrationsfähigkeit auf, zum anderen könnte die Motivation abnehmen, denn das Design zeichnet sich nicht unbedingt durch Variation aus. Somit hat das hier gewählte Versuchsdesign den Vorteil, dass es binnen 12 Minuten durchgeführt werden konnte. Dieses war auch aus dem Grund wichtig, da das Experiment II weitere 15 Minuten und die Bearbeitung des von Baur/Meder (1994) entwickelten C-Tests 15-25 Minuten je nach Sprachstand in Anspruch nahm. Hierbei sei angemerkt, dass das Ziel des C-Tests weniger war, den genauen Sprachstand der Versuchspersonen zu messen, wofür es sicherlich differenziertere Erhebungsmethoden gibt, als vielmehr die Schüler in drei Stufen einzuordnen. Auch wurden die einzelnen für die C-Test-Auswertung vorgesehenen Fehlerkategorien in der Analyse nicht weiter berücksichtigt.

3.2.2 *Versuchspersonen*

Die Teilnehmer an dieser Erhebung waren 21 Schüler[22] im Alter von 11-18 Jahren mit Türkisch als Muttersprache, die im Rahmen des von der Stiftung *Mercator* unterstützten „Bremer Förderprojekts für Kinder und Jugendliche mit Migrationshintergrund" Förderunterricht von Studenten an der Universität Bremen erhalten. Aufgrund der im Projekt ermittelten Daten konnten vorab diejenigen Schüler ausgewählt werden, die mit keiner weiteren Sprache außer Türkisch (wie z.B. Kurdisch) aufgewachsen sind. Die Deutschkenntnisse der Schüler variieren. Als Kontrollgruppe dienten Schüler aus zwei 11. Klassen eines Schleswig-Holsteiner Gymnasiums[23] im Alter von 15-17 Jahren. Bei der Kontrollgruppe wurde darauf geachtet, dass keine der Versuchspersonen Deutsch als Zweitsprache spricht oder bilingual aufgewachsen ist.

---

[21] Persönliche Kommunikation mit Katrin Lindner (09.05.2008).

[22] Weitere 3 Jugendliche mit Türkisch L1 bzw. 2 Jugendliche mit Deutsch L1 nahmen an dem Experiment teil, mussten jedoch aufgrund unvollständiger Antworten (2), Konzentrationsproblemen (2), sowie nicht verstandener Aufgabenstellung (1) aus der Erhebung ausgeschlossen werden.

[23] An dieser Stelle möchte ich mich herzlich bei Dr. Reinhardt Mischke bedanken, der mir die Datenerhebung am Elsensee-Gymnasium Quickborn ermöglichte. Bedanken möchte ich mich auch bei Rüdiger Gruhn und Dagmar Ring, die die Datenerhebung in ihren Klassen organisierten. Nicht zuletzt sei den Schülern gedankt, die sich bereit erklärten, an den Experimenten teilzunehmen.

3.2.3 Testsätze

In Anlehnung an Lindner (2003) bestand das Experiment aus 81 Sätzen (vgl. Anh. 2). Die Stimuli wurden mit dem transitiven Verb *schubsen* gebildet, sodass beide NPs die Rolle des Agens oder Patiens einnehmen konnten. Als belebte Argumente wurden verschiedene Tiere gewählt, als unbelebte Argumente *Klotz* und *Ball*. Es wurde gezielt darauf geachtet, dass bei der Zusammensetzung von Substantiven und Verb keine „prototypischen" Nomen-Verb Kombinationen wie "Der Hund frisst" auftreten, da Belebtheitsinformationen stark mit den Beziehungen, die bestimmte Verben mit bestimmten Nomen verbinden, interagieren (vgl. Corrigan 1988). Dies sollte ausgeschlossen werden. Des Weiteren wurden nur Substantive im Maskulinum verwendet, um eine distinktive Kasusmarkierung zu erzeugen. Das Verb wurde nicht variiert, um die Einflüsse auf die Satzverarbeitung auszuschließen, die aus der Verbsemantik resultieren. Alle Stimuli wurden so konstruiert, dass sie in den vier Cues Belebtheit, Wortstellung, Kongruenz und Kasusmarkierung variieren. Jeder dieser Cues zeichnet sich durch drei Stufen aus: Für Belebtheit sind dies bezogen auf die NP die Kombinationen *belebt–belebt* (AA), *belebt–nicht belebt* (AI) und *nicht belebt–belebt* (IA), für Wortstellung ergeben sich die Varianten *Nomen-Verb-Nomen* (NVN), *Nomen-Nomen-Verb* (NNV) und *Verb-Nomen-Nomen* (VNN), für Kongruenz (Agreement) *Kongruenz mit der ersten NP* (AG1), *Kongruenz mit der zweiten NP* (AG2) und *Kongruenz mit beiden NPs* (AG0) und für Kasusmarkierung *Erste Nominalphrase im Nominativ Singular* (C1), *Zweite Nominalphrase im Nominativ Singular* (C2) und *Nicht eindeutige Kasusmarkierung* (C0), was durch eine NP im Plural oder beide NPn im Nominativ Singular erzeugt wurde. Aus der multiplen Kombination aller Werte entstanden größtenteils ungrammatische Sätze, zum einen die Wortstellung betreffend, zum anderen durch die Wahl zweier im Nominativ stehender Substantive. Dieses war notwendig, um konfligierende Sätze zu erzeugen, in denen sich die Versuchspersonen für eine von mehreren möglichen Verarbeitungsweisen entscheiden mussten. Die folgenden Beispiele illustrieren die sich ergebenden Satzkonstruktionen:

AA, NVN, C0, AG0	*Der Frosch schubst der Storch.*
AA, VNN, C0, AG1	*Schubsen die Hunde den Tiger.*
AA, NNV, C0, AG2	*Die Vögel den Elefanten schubst.*
IA, NNV, C1, AG0	*Der Klotz den Löwen schubsen.*
IA, NVN, C1, AG1	*Der Ball schubst den Igel.*
IA, VNN, C1, AG2	*Schubsen der Klotz die Hasen.*
AI, VNN, C2, AG0	*Schubsen den Fisch der Ball.*
AI, NNV, C2, AG1	*Die Hirsche der Klotz schubsen.*
AI, NVN, C2, AG2	*Die Löwen schubst der Ball.*

3.2.4 Hypothesen

Für die hier teilnehmenden einsprachig aufgewachsenen Schüler wird davon ausgegangen, dass sie sich analog zu der bei Lindner (2003) getesteten erwachsenen Kontrollgruppe verhält, was zu folgender Hypothese führt:

1. Die monolingual aufgewachsenen Jugendlichen orientieren sich primär an Subjekt-Verb-Kongruenz, gefolgt von Kasus als Cue bzw. einer Interaktion aus beiden Faktoren. Sie interpretieren demnach Sätze anhand von grammatikalischen Cues.

Für die DaZ-Sprecher, deren C-Testergebnis auf ein hohes sprachliches Niveau im Deutschen verweist, wird davon ausgegangen, dass sie bei der Satzverarbeitung ähnliche Strategien anwenden wie die monolinguale Kontrollgruppe. Für die DaZ-Lerner, die im C-Test weniger gut abschnitten, wird angenommen, dass sie bei der Satzverarbeitung eher auf die semantischen Informationen achten. Da für den kindlichen Spracherwerb des Deutschen auch festgestellt werden konnte, dass lokale Cues früher bei der Satzverarbeitung verwendet werden als topologische (vgl. Lindner 2003: 226), besteht auch die Möglichkeit, dass die Lerner des Deutschen als L2 mit Erstsprache Türkisch vermehrt auf lokale Cues achten und sich nicht, wie Muttersprachler, primär an topologischen Cues orientieren. Die zweite Hypothese lautet daher:

2. DaZ-Lerner interpretieren die Stimuli je nach Kenntnis des Deutschen zuerst anhand von Informationen aus der Belebtheit, dann anhand von Kasusmarkierung, Kongruenz und Wortstellung.

Generell wird es in diesem Experiment nur schwer möglich sein, einen direkten Strategietransfer aus dem Türkischen nachzuweisen, da, wie unter 3.1.1 dargestellt, die grammatischen und semantischen Restriktionen des Türkischen für die Agenszuweisung nur für indefinite NPs gelten und das hier vorliegende Design den definiten Artikel verwendet. Es könnte also höchstens sein, dass dieser in dem Experiment nicht als solcher analysiert wird. In diesem Fall müssten die Schüler mit Migrationshintergrund in AI-Bedingungen bei neutralisierter Kasusmarkierung und Kongruenz sowie in der NNV-Wortstellung, d.h. in kanonischer Wortstellung des Türkischen, der unbelebten NP die Rolle des Agens zuweisen.

3.2.5 Durchführung

Jeder Teilnehmer erhielt zu Beginn des Experiments einen Fragebogen, auf dem 20 Bildpaare mit den in den Testsätzen vorkommenden Tieren oder Gegenständen abgebildet waren (vgl. Anh. 3).[24] Pluralformen wurden durch die zweifache Abbildung des betreffenden Tieres kenntlich gemacht. Da die Substantive *Tiger* und *Igel* nach dem Ø-Pluraltyp dekliniert werden und folglich keinen Kontrast zum Singular herstellen, wurde durch die zweifache Abbildung des entsprechenden Tieres garantiert, dass die Lerner dieses nicht als Substantiv im Femininum Singular interpretierten. Es wurden vier verschiedene Experiment-Reihenfolgen nach dem Latin-Square-Prinzip konstruiert. Durch diese Randomisierung konnte sichergestellt werden, dass sich die Abfolge der Stimuli-Präsentation nicht auf das Antwortverhalten der Probanden auswirkte.

Die Erhebung der L2-Gruppe erfolgte in den Räumlichkeiten der Universität Bremen, die den Versuchspersonen durch den dortigen Förderunterricht bekannt waren. Die Teilnehmer wurden während des stattfindenden Kurses gebeten, die Versuchsleiterin in einen gesonderten Raum zu begleiten, um sich dort gemeinsam mit maximal

---

[24] Die Bilder wurden aus Clipart für Microsoft Office ausgewählt.

drei weiteren Versuchspersonen gleichzeitig dem Experiment zu unterziehen.[25] Die Daten der monolingualen Kontrollgruppe wurden während der regulären Unterrichtszeit in einem den Schülern bekannten Raum erhoben. Da die Probanden nach Absolvieren des Tests wieder in den Regelunterricht zurückgingen, wurden sie gebeten, ihren Klassenkameraden keinerlei Informationen über den Ablauf oder den Inhalt des Experiments weiterzugeben. Die Versuchspersonen wurden generell so platziert, dass sie die Antworten der anderen Probanden nicht einsehen konnten. Da dieser Experimentteil direkt auf das Experiment II folgte, bedurfte es weniger Erklärungen. Die Sätze wurden mit neutraler Intonation aufgenommen und über ein Notebook mit Lautsprechern abgespielt.

3.2.6 Ergebnisse

Ziel der vorliegenden Untersuchung war es, herauszufinden, ob die in den Testsätzen variierten grammatischen und semantischen Merkmale unterschiedliche Interpretationsstrategien bei der Agenszuweisung zwischen den beiden Versuchsgruppen evozieren. Hierfür wurden zunächst die Mittelwerte aller Antworten für jede Frage berechnet und danach die Varianz innerhalb der Gruppen ermittelt. Dies sind die notwendigen Voraussetzungen für die darauf folgende Varianzanalyse (ANOVA), welche die gruppenspezifischen Varianzen mit den Inter-Gruppen-Varianzen in Beziehung setzt und hieraus Aussagen über die Wahrscheinlichkeit eines Einflusses der Semantik und Grammatik auf das Antwortverhalten der Probanden trifft. Die Varianzanalyse testet die Nullhypothese, gemäß derer sich die Stichproben–Mittelwerte nicht (signifikant) unterscheiden, die Satzverarbeitung der Muttersprachler und der DaZ-Lerner also nicht durch lexikalische oder grammatische Manipulation auf unterschiedliche Weise beeinflusst wird. Um das Gewicht der einzelnen Faktorstufen bzw. die Interaktion der Variablen zu analysieren, wurden die Daten in SPSS 15 eingegeben. Wie auch in den vorhergehenden, im Rahmen des CMs durchgeführten Studien, wurde die abhängige Variable „Antwort" mit 1/0 kodiert, wobei 1 für die linke und 0 für die rechte NP steht.

---

[25] Vortests hatten keine Unterschiede bei der Durchführung in Gruppen im Vergleich zur Einzelbefragung ergeben. Somit wurde in dieser Arbeit die zeitökonomische Variante ausgewählt.

3.2.6.1   Deskriptive Statistik

Beim Vergleich der Durchschnittswerte für die Wahl der linken NP von L1- und L2-Sprechern wurden zunächst die grammatisch richtigen Sätze (z.B. *Der Igel schubst den Hasen*) ausgewertet. Hier zeigen sich sowohl für die Versuchspersonen mit Deutsch als Zweitsprache als auch für diejenigen mit Deutsch als Muttersprache hohe Verständniswerte: 86% bzw. 82% der Probanden interpretieren diese Sätze richtig. Diese eindeutigen Ergebnisse erlauben die Annahme, dass die Versuchspersonen nicht zufällig geantwortet haben. Gleichzeitig kann man daraus ableiten, dass sich die Schüler mit Migrationshintergrund der entscheidenden Bedeutung der Kasusmarkierung für die Satzinterpretation bewusst sind und diese Information auch korrekt verarbeiten können. Interessanterweise geschieht dies sogar in einem größeren Ausmaß als bei den Muttersprachlern.[26] Generell zeigt bereits die deskriptive Auswertung die ersten Unterschiede im Antwortverhalten zwischen den Schülern mit Migrationshintergrund und der Kontrollgruppe auf. In den Sätzen, in denen die Belebtheit manipuliert wurde, sind die Abweichungen bei den Kombinationen AA bzw. AI minimal, die Diskrepanz des Wertes bei dem Satz *Die Bälle schubsen den Hund* (IA NVN C0 AG1) jedoch bedeutend: Bei den DaZ-Sprechern wählen 90% der Versuchspersonen die erste NP als Agens, gegenüber 65% der Muttersprachler. Diese vergleichsweise deutliche Differenz in der Interpretation von Sätzen mit IA-Belebtheit durch die beiden Versuchsgruppen kann auch für die grammatisch falschen Sätze festgestellt werden. In Sätzen, in denen die Kasusmarkierung neutralisiert wurde und das Verb mit der zweiten NP kongruiert (*Die Bälle schubst den Elefanten*), wählen die DaZ-Lerner eher die linke NP (75,3%), anders als die Muttersprachler des Deutschen (37,6%).

Dieses Ergebnis deutet darauf hin, dass die DaZ-Lerner eine eindeutige „first noun"-Strategie (vgl. VanPatten 2004) anwenden, wohingegen sich die Muttersprachler einerseits an semantischen Informationen (zumal die zweite NP in diesem

---

[26] Über die vergleichsweise große Schwierigkeit von Muttersprachlern des Deutschen, Objekt-Erstsätze im Vergleich zu Subjekt-Erstsätzen zu interpretieren, berichten auch die Studien von Bornkessel et al. 2002 und Matzke et al. 2002. Dennoch unterstreichen die Autorengruppen, dass den monolingual aufgewachsenen Versuchsteilnehmern die Agenszuweisung auf korrekte Weise gelingt. Das ist in der hier vorliegenden Untersuchung nicht der Fall, schließlich bestimmen nur 70% der Muttersprachler in dem Satz *Die Löwen schubst der Ball* das Agens richtig.

Falle auch die Gestalt eines Proto-Agens annimmt) und andererseits an einem grammatischen Cue orientieren, da auch die Kongruenz auf das zweite Substantiv weist. Der Einfluss der Belebtheit und der Kongruenz auf die Wahl der Nominalphrase zeigt sich bei den Schülern mit Migrationshintergrund hingegen ganz deutlich in den Sätzen, in denen bei IA-AG2 (z.B. *Schubsen der Klotz die Hasen)* unabhängig von der Wortstellung im Durchschnitt nur noch zu 22,3% die linke NP gewählt wird (bei den Deutschen 4%).

3.2.6.2 *Einfache Varianzanalysen für L1 Deutsch und L2 Deutsch*

Da diese deskriptiven Werte nur bedingte Möglichkeiten eröffnen, um die Satzverarbeitungsstrategien der Muttersprachler und der Zweitsprachler zu verstehen, wurde für beide Gruppen jeweils eine univariate 3x3x3x3 (Belebtheit x Wortstellung x Kasusmarkierung x Kongruenz) Varianzanalyse mit „Wahl der ersten NP" als abhängige Variable gerechnet. Diese zeigt auf, dass die Faktoren Belebtheit, Subjekt-Verb-Kongruenz und Kasusmarkierung die Wahl der linken NP als Agens des Targetsatzes maßgeblich beeinflussen, die Wortstellung hingegen übt keinen signifikanten Einfluss aus. Auch die Interaktion zwischen Kasusmarkierung und Subjekt-Verb-Kongruenz übersteigt das Zufallsniveau. Den höchsten Erklärungswert und damit den ausschlaggebenden Hinweis für die Agenszuweisung der Muttersprachler bietet jedoch alleinig die Subjekt-Verb-Kongruenz [$F\,(2,\,1779) = 130{,}874$; $p<.001$]. 12,8% der Entscheidungen der Schüler lassen sich durch diesen Faktor nachvollziehen. Tabelle 3 gibt einen Überblick über die Satzverarbeitungsstrategien der Muttersprachler des Deutschen:

Abhängige Variable: Antwort

Quelle	Quadratsumme vom Typ III	df	Mittel der Quadrate	F	Signifikanz	Partielles Eta²
Korrigiertes Modell	122,527[a]	80	1,532	8,450	,000	,275
Konstanter Term	678,864	1	678,864	3745,42	,000	,678
Belebtheit	**27,128**	**2**	**13,564**	**74,835**	**,000**	**,078**
WO	,566	2	,283	1,561	,210	,002
SVK	**47,442**	**2**	**23,721**	**130,874**	**,000**	**,128**
KM	**25,208**	**2**	**12,604**	**69,538**	**,000**	**,073**
SVK * KM	**10,102**	**4**	**2,525**	**13,933**	**,000**	**,030**
Belebtheit * WO	1,013	4	,253	1,397	,233	,003
Belebtheit * SVK	,535	4	,134	,738	,566	,002
WO * SVK	,956	4	,239	1,318	,261	,003
Belebtheit * WO * SVK	1,435	8	,179	,990	,442	,004
Belebtheit * KM	,392	4	,098	,541	,705	,001
WO * KM	,837	4	,209	1,155	,329	,003
Belebtheit * WO * KM	1,906	8	,238	1,315	,231	,006
Belebtheit * SVK * KM	1,647	8	,206	1,136	,336	,005
WO * SVK * KM	2,098	8	,262	1,447	,172	,006
Belebtheit * WO * SVK * KM	1,307	16	,082	,451	,969	,004
Fehler	322,447	1779	,181			
Gesamt	1123,000	1860				
Korrigierte Gesamtvariation	444,974	1859				

a. R-Quadrat = ,275 (korrigiertes R-Quadrat = ,243)

Tabelle 3: Einfache Varianzanalyse, Test der Zwischensubjekteffekte für L1 Deutsch (WO = Wortstellung, SVK = Subjekt-Verb-Kongruenz, KM = Kasusmarkierung)

Die Ergebnisse für die Varianzanalyse der Schüler, die Deutsch als Zweitsprache lernen, unterscheiden sich von denen der Muttersprachler. Dieses zeigt sich jedoch nicht in den Signifikanzwerten für die Auswirkungen der einzelnen Faktoren, denn auch für die Kinder und Jugendlichen mit türkischem Migrationshintergrund sind Belebtheit, Subjekt-Verb-Kongruenz, Kasusmarkierung sowie die Interaktion zwischen Subjekt-Verb-Kongruenz und Kasusmarkierung die ausschlaggebenden Cues für die Satzinterpretation. Wie auch bei den Muttersprachlern bedeutet ein nicht signifikanter F-Wert für den Faktor Wortstellung, dass dieser die Entscheidung der Versuchsteilnehmer, die linke NP zu wählen, zu einem geringeren Maße beeinflusst hat.[27] Der Unterschied zwischen den beiden Versuchsgruppen wird in der Gewichtung der jeweiligen Hinweise deutlich, wie die Effektgröße Eta² aufzeigt (vgl. Tab. 4). Während bei den Muttersprachlern die Subjekt-Verb-Kongruenz und die Belebtheit die entscheidenden Cues für die Satzinterpretation darstellen, so vertraut die Versuchsgruppe mit Deutsch als Zweitsprache am Stärksten auf die Kasusmarkierung, durch die sich 8,4% der Varianz erklären lässt, gefolgt von der Subjekt-Verb-Kongruenz (6,0%). Die Belebtheit der Substantive leitet das Satzverstehen nur zu einem geringen Anteil (1,8%). Aufgrund dieser Ergebnisse kann Hypothese 2 verworfen werden: Entgegen der Annahme, dass semantische Cues einen großen Einfluss auf das Verhalten der DaZ-Lerner ausüben, zeigt die vorliegende Untersuchung, dass die grammatischen Cues eine stärkere Erklärungskraft für die Wahl des Agens darstellen.

---

[27] Der Tukey-Nachtest ordnet bei beiden Gruppen alle drei Faktorenstufen einer homogenen Gruppe zu.

Abhängige Variable: Antwort

Quelle	Quadratsumme vom Typ III	df	Mittel der Quadrate	F	Signifikanz	Partielles Eta²
Korrigiertes Modell	75,404ª	80	,943	5,087	,000	,202
Konstanter Term	756,220	1	756,220	4081,22	,000	,718
Belebtheit	**5,436**	**2**	**2,718**	**14,668**	**,000**	**,018**
WO	,225	2	,113	,607	,545	,001
SVK	**19,017**	**2**	**9,508**	**51,315**	**,000**	**,060**
KM	**27,310**	**2**	**13,655**	**73,695**	**,000**	**,084**
SVK * KM	**12,531**	**4**	**3,133**	**16,908**	**,000**	**,040**
Belebtheit * WO	,399	4	,100	,539	,707	,001
Belebtheit * SVK	,431	4	,108	,581	,676	,001
WO * SVK	,782	4	,196	1,056	,377	,003
Belebtheit * WO * SVK	1,626	8	,203	1,097	,362	,005
Belebtheit * KM	,482	4	,120	,650	,627	,002
WO * KM	1,607	4	,402	2,168	,070	,005
Belebtheit * WO * KM	1,419	8	,177	,957	,468	,005
Belebtheit * SVK * KM	,951	8	,119	,641	,743	,003
WO * SVK * KM	,426	8	,053	,287	,970	,001
Belebtheit * WO * SVK * KM	2,484	16	,155	,838	,643	,008
Fehler	297,024	1603	,185			
Gesamt	1128,000	1684				
Korrigierte Gesamtvariation	372,428	1683				

a. R-Quadrat = ,202 (korrigiertes R-Quadrat = ,163)

Tabelle 4: Einfache Varianzanalyse, Test der Zwischensubjekteffekte für L2 Deutsch (WO = Wortstellung, SVK = Subjekt-Verb-Kongruenz, KM = Kasusmarkierung)

3.2.6.3 *Einfache Varianzanalyse mit „Muttersprache" als zusätzliche UV*

Da die individuell gerechneten Varianzanalysen es nicht ermöglichen, statistisch gesicherte Unterschiede zu belegen, wurde mit dem Gesamtdatensatz eine univariate 2x3x3x3x3 (Muttersprache x Belebtheit x Wortstellung x Kasusmarkierung x Kongruenz) Varianzanalyse mit „Wahl der ersten NP" als abhängige Variable gerechnet. Diese zeigt zunächst einen signifikanten Haupteffekt für „Muttersprache" [F (3543) = 21,074; p<.001), was bestätigt, dass sich die beiden Versuchsgruppen in ihrem Verhalten voneinander unterscheiden. Des Weiteren gibt es einen signifikanten Wert für die Interaktion zwischen den Faktoren „Muttersprache" und „Subjekt-Verb-Kongruenz" [F (2, 3382) = 9,974; p<.001] sowie für die Interaktion zwischen „Muttersprache" und „Belebtheit" [F (2, 3382) = 13,205; p<.001]. Somit ist davon auszugehen, dass die beiden Gruppen diese Cues in ihrer Satzverarbeitung unterschiedlich gewichten.

Für die Verwendung des Cues „Belebtheit" wurde ein Nachtest nach Tukey durchgeführt. Dieser untersucht die einzelnen Stufen der Faktoren und konnte ermitteln, dass sich die Muttersprachler unabhängig von den anderen Variablen in Sätzen mit der Bedingung AI (belebt – nicht belebt) zu 75% für die erste NP entscheiden, bei der Bedingung AA (belebt – belebt) geschieht dies nur zu 62% und bei einem nicht belebten Substantiv an erster Stelle (IA) nur zu 45%. Dieses Ergebnis unterstreicht den hohen Einfluss der Semantik auf die Satzinterpretation, denn in der neutralisierten AA-Version fällt die Wahl des Agens seltener auf die erste NP als bei der AI-Variante und der Wert ist noch geringer bei IA, was ein Indiz dafür ist, dass sich die Muttersprachler an der Protoagentivität orientieren. Daher kann auch Hypothese 1, nach der sich Muttersprachler an grammatischen und nicht an semantischen Cues orientieren, nicht uneingeschränkt zugestimmt werden.

Hinsichtlich des Einflusses der Belebtheit auf die Satzverarbeitung fällt bei den Lernern des Deutschen als Zweitsprache folgendes auf: Die Werte sind im Vergleich zu den Muttersprachlern für die Bedingung AI fast identisch (71%), bei AA zeigt sich eine höhere Präferenz für die erste NP (71%), gleiches gilt für IA (59%). Deutliche Unterschiede ergeben sich demnach bei der Interpretation von Sätzen in der IA-Version. Um die Auswirkungen der Belebtheitsmanipulation zu demonstrieren, werden Werte aus der deskriptiven Statistik hinzugezogen: Die Zweitsprachler entscheiden sich bei *Der Frosch schubst der Ball* zu 67% für das belebte Substantiv, die umgedrehte Version *Der Klotz schubst der Frosch* zeigt mit 48% einen geringeren Wert für *der Frosch* und damit eine Präferenz für das erste Substantiv. Für die Muttersprachler zeigt sich in der IA-Version eine deutliche Neigung, die belebte NP zu wählen (70%) und die AI-Variante erhöht die Prozentzahl: 87% wählen *der Frosch*. Somit scheinen sich die Kinder und Jugendlichen, die mit Deutsch als Zweitsprache aufwachsen, zu einem geringeren Anteil an der Protoagentivität zu orientieren als die Muttersprachler und greifen stattdessen eher auf die „First noun"-Strategie zurück.

Des Weiteren ergab die Varianzanalyse einen signifikanten Wert bei der Interaktion der Faktoren „Muttersprache" und „Subjekt-Verb-Kongruenz". Daher wurde auch hier ein Nachtest nach Tukey gerechnet, um die unterschiedliche Behandlung dieses Cues genauer zu beleuchten. Für die Kinder und Jugendlichen mit Migrationshintergrund werden die Faktorstufen der Subjekt-Verb-Kongruenz zwei Untergruppen zugeordnet, d.h. dass es statistisch gesehen keinen Unterschied zwischen den Faktorstufen AG0 und AG2 gibt. In 57% der Sätze, in denen die zweite NP mit dem Verb kongruiert, wird dennoch die erste NP zum Agens gewählt, bei neutralisierter Kasusmarkierung zu 62%. Zum Vergleich: Bei Kongruenz mit der ersten NP wird diese auch zu 82% zum Agens gewählt. Die durch die Varianzanalyse hervorgehobenen Unterschiede zwischen Erst- und Zweitsprachlern ergeben sich dadurch, dass sich die Muttersprachler im Falle der Bedingung AG2 häufiger für die zweite NP entscheiden (zu 48%). Die Werte für die neutralisierte Variante und für die Kongruenz mit der ersten NP sind nahezu identisch (61% für AG0 und 81% für AG1).

Neben den signifikanten Interaktionen zwischen „Belebtheit" und „Muttersprache" sowie „Subjekt-Verb-Kongruenz" und „Muttersprache" übersteigt auch die Interaktion zwischen „Subjekt-Verb-Kongruenz" und „Kasusmarkierung" das Zufallsniveau. Da auch in den Varianzanalysen für L1 und L2 Deutsch ein signifikanter Einfluss dieser Interaktion bestätigt wurde, soll im Folgenden der Frage nachgegangen werden, ob die beiden Versuchsgruppen die Kombination aus diesen beiden Faktoren wirklich gleich verarbeiten. Hierfür wurden für beide Variablen Post-Hoc-Tests gerechnet. Bei der Untersuchung der Kasusmarkierung ordnet der Nachtest sowohl für die Sprecher des Deutschen als Zweitsprache als auch für die Muttersprachler des Deutschen C0 und C1 einer homogenen Untergruppe zu, die sich von C2 unterscheidet (67/70% zu 44% für L1 und 76/76% zu 49% für L2). Für einen genaueren Einblick in die Interaktionseffekte von Kongruenz*Kasus wurden für beide Gruppen Mittelwerte angefordert. Zunächst soll die monolinguale Kontrollgruppe untersucht werden. Für diese zeigt sich, dass bei neutralisierter Kasusmarkierung AG0 (z.B. *Schubst der Frosch der Storch*) und AG2 (z.B. *Schubst die Elefanten den Vogel*) zu einer sehr ähnlichen Interpretation führen, die Wahl der ersten NP liegt in dieser Situation bei 55% bzw. 59%. Bei AG1 hingegen (z.b. *Schubsen die Hunde den Tiger*) entscheiden sich die Versuchspersonen zu 86% für die erste NP als Agens. Diese Werte verändern sich deutlich durch die Manipulation der Kasusmarkierung. Wenn die erste NP im Nominativ steht und die zweite im Akkusativ, steigt der Prozentsatz für die Wahl der ersten NP bei Sätzen mit nicht favorisierter Kongruenz (z.b. *Der Löwe schubsen den Tiger*) auf 80% und nähert sich damit dem Wert von AG1 (z.B. *Schubst der Igel den Hasen*). Der Einfluss der Kasusmarkierung zeigt sich auch in Sätzen mit einer im Nominativ stehenden zweiten NP. In Verbindung mit AG0 (z.B. *Den Hahn der Fisch schubsen*) wählen 58% der monolingualen Schüler die zweite NP, bei Kongruenz mit dieser, in Sätzen also, in denen zwei Cues auf die Interpretation der zweiten NP als Agens weisen (z.B. *Schubst die Löwen der Frosch*), folgen 80% diesen Cues. In den Konfliktsituationen ergeben sich weniger eindeutige Werte: Die Interaktion zwischen C1 und AG2 (z.b. *Schubsen der Hase die Frösche*) führt unabhängig der Belebtheit und Wortstellung bei 45% der monolingualen Probanden zur Wahl der ersten NP; in C2-AG1-Sätzen zu 70% (z.B. *Schubsen die Hirsche der Storch*). Diese Entscheidungen der Versuchspersonen weisen auf die Stärke des Kongruenz-Cues hin, ein Ergebnis, welches mit demjenigen von Lindner (2003) übereinstimmt, sich jedoch deutlich von dem von MacWhinney et al. (1984) unterscheidet: Dort wurde für die Cue-Stärke des Deutschen die Reihenfolge Kasusmarkierung>Belebtheit >Kongruenz >Wortstellung ermittelt.

Für die Lerner des Deutschen als Zweitsprache ergibt die Satzinterpretation von Sätzen mit AG0 und AG1 unabhängig von der Kasusinformation kaum Unterschiede im Vergleich zu den Muttersprachlern. Bei der Agenszuweisung in Sätzen jedoch, in denen das Verb mit der zweiten NP kongruiert, kommen die beiden Gruppen zu divergierenden Ergebnissen: Bei neutralisierter Kasusmarkierung lässt sich für die Schüler mit Migrationshintergrund eine starke Präferenz für die erste NP beobachten, in 81% der Fälle wählen sie die erste NP als Agens, bei den Muttersprachlern sind es nur 59%. Jedoch ist es nicht möglich, von einer allgemeinen Tendenz auszugehen, dass die L2-Gruppe Subjekt-Verb-Kongruenz ignoriert: Die Interpretation von C1-Sätzen unterscheidet sich in der konflikträchtigen Situation in Verbindung mit AG2 wie in *Der Hase schubsen die Frösche* mit 55% für die erste NP stark von jener mit AG0 wie in *Der Löwe schubsen den Tiger* (83%) sowie von der AG1-Variante. Bei

Der Igel schubst den Hasen entscheiden sich 89% für *Der Igel* als Agens, was ein deutlicher Hinweis darauf ist, dass der Kongruenz-Cue in die Satzverarbeitung integriert wird und in diesem Fall sogar einen fast gleichstarken Einfluss ausübt wie die Kasusmarkierung. In der konfliktträchtigen Kombination C2-AG1 liegt der Prozentsatz für die Wahl der linken NP mit 69% quasi identisch zu dem der Muttersprachler, was die Konfliktvalidität der Kongruenz unterstreicht, dieses v.a. verglichen mit den Ergebnissen der Sätze mit C2-AG0 und C2-AG1, in denen die linke NP nur zu 43% bzw. 36% gewählt wurde. Den unterschiedlichen Einfluss von Kasusmarkierung und Kongruenz zwischen den beiden Gruppen fasst Abb. 5 zusammen.

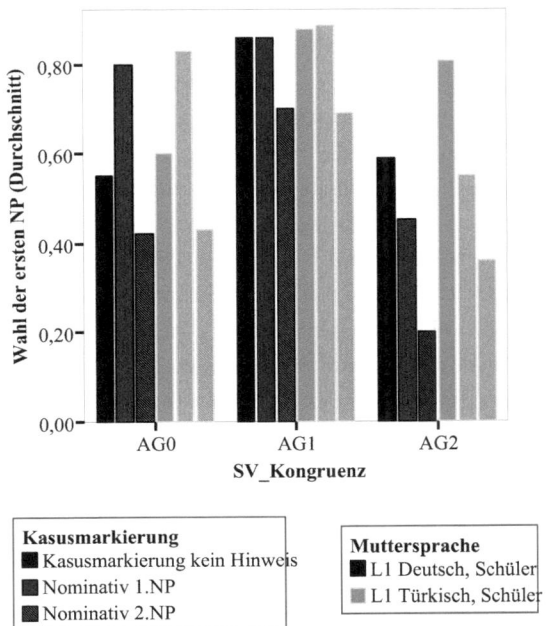

Abbildung 5: Unterschiede bei der Wahl der ersten NP – Einflüsse von Kasusmarkierung und Kongruenz.

3.2.6.4 Der Einfluss des Sprachstands auf die Satzverarbeitung

Im Zusammenhang mit Hypothese 2 stellt sich die Frage, ob Zweitsprachler je nach Sprachstand unterschiedliche Satzverarbeitungsstrategien anwenden. Eine Reihe von Studien ergab für Fremdsprachler, dass sich diese auch bei fortgeschrittener Sprachkenntnis von den Muttersprachlern unterscheiden und die stärksten Cues der L1 auch bei der Verarbeitung der Fremdsprache verwendet werden (vgl. Clahsen/Fender 2006). Somit war auch hier einerseits das Ziel herauszufinden, inwieweit sich das Verhalten der Zweitsprachler je nach Sprachstand unterscheidet und andererseits die in der Literatur beschriebenen Transfereffekten aufzuzeigen. Hierfür wurde zunächst die deskriptive Statistik ausgewertet. Falls die Schüler mit Migrationshintergrund die NPs in den hier vorliegenden Stimuli nicht als definit betrachten, dann könnte der Satz *Der Frosch schubst der Storch* (C0 AG0 AA NVN) Aufschlüsse über einen möglichen Strategietransfer geben. Wenn dieser Stimulus über eine geringe Resonanz verfügt und es daher den Schülern mit türkischem Migrationshintergrund nicht gelingt, den richtigen Sprachcode zu aktivieren, sprich, den Satz in der „richtigen" Sprache zu verarbeiten, dann müsste hier die zweite NP gewählt werden. Dieses resultiert, wie unter 3.1.2 aufgezeigt, aus der Tatsache, dass im Türkischen NVN-Ketten mit zwei nicht kasusmarkierten NPs nur als OVS interpretiert werden können. Die Ergebnisse zeigen jedoch, dass sich die Versuchspersonen aller C-Test-Untergruppen zu 57% für SVO und damit gegen die türkische Interpretationsweise entscheiden. Folglich ist es nicht möglich, von einem direkten sprachlichen Strategietransfer auszugehen, wie auch der Testitem *Der Frosch der Storch schubst* (C0 AG0 AA NNV) zeigt, der im Türkischen aufgrund von syntaktischen Restriktionen nur als SOV interpretiert werden kann. Auch hier zeigt sich, dass die Schüler mit Migrationshintergrund *Der Frosch* im Durchschnitt nur zu 60% auswählen, was aber nicht unbedingt durch die L2 ausgelöst sein muss. Vielmehr ist davon auszugehen, dass die Wahl der ersten NP aus syntaktischen Gründen geschah, d.h. aus der präverbalen Position resultiert. Die Unterschiede im Antwortverhalten der Versuchspersonen je nach Sprachstand sind für diesen Satz minimal, was keinen oder nur einen geringen Transfer annehmen lässt und auch nur vage Vermutungen über eine direkte Verbindung zwischen Sprachstand und Satzinterpretationsstrategie zulässt. Für einen Zusammenhang hingegen spricht die Tatsache, dass mit steigender Erfahrung in der deutschen

Sprache die Stärke des Belebtheits-Cues zunimmt. Dieses zeigt sich anhand des Test-items *Schubst der Klotz der Frosch* (C0 AG0 IA VNN). Hier wählt die erste Gruppe, d.h. diejenige, die die geringsten Ergebnisse beim C-Test erzielte, zu 86% die erste NP und ordnet damit mehrheitlich einem unbelebten Objekt die Rolle des Agens zu, gegenüber 29 bzw. 14% für die Gruppen 2 und 3, die sich für *der Frosch* entschei-den. Jedoch gibt es auch Gegenbeispiele, weshalb es schwierig ist, von einer allge-meinen Tendenz auszugehen. Ferner liefert die Analyse der grammatisch korrekten Sätze keine Evidenz für einen direkten Einfluss des Sprachstands auf die Verar-beitungsstrategie. Nur bei dem Satz *Die Löwen schubst der Frosch* (C2 AG2 AA NVN) kommt es zu einem eindeutigen Unterschied zwischen den Sprachstands-gruppen: Die weniger fortgeschrittenen Lerner wählen zu 57 bzw. 71% die erste NP und lassen damit die Kasusmarkierung bei der Interpretation außer Acht, im Gegen-satz zu der fortgeschrittenen Gruppe, die zu 100% die rechte NP wählt, was die Stär-ke des Kasusmarkierungs-Cues beweist. Das Verwenden dieses Hinweises je nach C-Test-Kategorie soll im Folgenden genauer untersucht werden.

Bereits die allgemeine ANOVA für die Satzverarbeitung der Schüler mit türki-schem Migrationshintergrund (vgl. Anh. 5) zeigt einen signifikanten Interaktionsef-fekt zwischen C-Test und Kasusmarkierung [$F_{(4,1603)} = 10{,}205$; $p<.001$]. Diese In-teraktion resultiert sicherlich aus der unterschiedlichen Verarbeitung von den Sätzen, in denen die zweite NP im Nominativ Singular (C2) steht. Während die Interpretation der Sätze, in denen die Kasusmarkierung neutralisiert wurde (C0) oder in denen die erste NP im Nominativ steht, in allen drei Gruppen relativ ähnlich erfolgt, so verar-beiten die Schüler mit Migrationshintergrund die Bedingung C2 je nach Sprachkom-petenz auf unterschiedliche Weise. Die Kreuzung der drei C-Test-Gruppen mit den drei Varianten der Kasusmanipulation zeigt, dass sich die schwächeren Deutschlerner nur zu 41,1% bzw. 45,0% durch die Nominativmarkierung der zweiten NP dazu ver-leiten lassen, diese zum Agens des Satzes zu wählen. Bei den stärkeren Schülern liegt der Wert bei 67,0%. Die fortgeschrittenste Gruppe orientiert sich folglich zu einem größeren Anteil an der Kasusinformation.

Auch die für jede C-Test-Gruppe einzeln gerechnete Varianzanalyse (vgl. Anh. 7-9) hebt den unterschiedlich starken Einfluss der Kasusmarkierung auf die Satzinterpretation hervor. Während dieser Cue bei der ersten Gruppe lediglich 1,7% der Varianz erklären kann [F(2, 472 = 4,119; p<.05], bei der zweiten Gruppe immerhin schon 8,1% [F (2, 486) = 21,355; p<.001], so erreicht das Erklärungsmaß für die dritte und damit stärkste Gruppe der DaZ-Lerner einen Wert von 23,7% [F(2, 483) = 75.185, p<.001]. Der Vergleich mit den Muttersprachlern des Deutschen zeigt, dass dieses Erklärungsmaß jenes der monolingualen Kontrollgruppe deutlich übersteigt. Hier kann die Kasusmarkierung nur 7,3% der Varianz erklären. Dies bedeutet, dass sich die fortgeschrittenen DaZ-Lerner bei der Satzinterpretation mehr an der Kasusmarkierung orientieren als die Muttersprachler.

Angesichts dieses überraschenden Ergebnisses ist die Bewertung der Stärke des Kongruenz-Cues durch die DaZ-Lerner in Abhängigkeit vom jeweiligen Sprachstand umso interessanter, schließlich erwies sich dieser für die Satzverarbeitung der monolingualen Kontrollgruppe mit 12,8% als ausschlaggebend. Der Vergleich der drei ANOVAs zeigt, dass es auch hier zu einem graduellen Anstieg kommt. Während sich bei der schwächsten C-Test-Gruppe 6,4% [F(2, 472) = 16,078; p<.001] und bei der mittleren Gruppe 6,0% der Varianz durch den Einfluss der Subjekt-Verb-Kongruenz erklären lassen [F(2, 486) = 15,394; p<.001], so steigt der Wert bei den fortgeschrittensten Lernern des Deutschen als Zweitsprache deutlich an. Hier resultiert immerhin 9,7% der Varianz aus der Verwendung des Kongruenz-Cues [F (2, 483) = 25,898; p<.001]. Die Auswertung der Varianzanalysen hinsichtlich der Faktoren „Subjekt-Verb-Kongruenz" und „Kasusmarkierung" zeigt damit recht eindeutig eine Tendenz auf, dass sich DaZ-Lerner in ihren Satzverarbeitungsstrategien mit steigender Sprachkompetenz an die Muttersprachler angleichen. Diese Beobachtung wird in Teilen durch die Analyse des Cues „Belebtheit" bestätigt. Gerade in Erinnerung an Hypothese 2, dass sich Lerner mit einer geringeren Sprachkompetenz zunächst an semantischen Merkmalen orientieren, ist es von Bedeutung, dass die Belebtheit der Substantive die sprachschwächsten Schüler mit türkischem Migrationshintergrund nicht signifikant beeinflusst. Die Jugendlichen dieser Gruppe ließen sich also mehr von grammatischen Cues leiten. Erst die Schüler der Gruppen 2 und 3 integrierten den Belebtheitscue in ihre Strategie, für Gruppe 2 lassen sich dadurch 3,7% der Varianz erklären [F(2, 567) = 9,436; p<.001] bei Gruppe 3 insgesamt 2,3% [F(2,564) = 5,686; p<.01]. Zur Erinnerung: Bei den Muttersprachlern resultierte gemäß der Effektgröße Eta² 7,8% der Varianz aus dem semantischen Einfluss der Subjektmanipulation.

3.2.7 Diskussion der Ergebnisse

Die aufgrund der Ergebnisse von Lindner (2003) für die vorliegende Studie formulierte Hypothese 1 ließ annehmen, dass sich die hier getesteten jugendlichen Muttersprachler des Deutschen analog zu den dort getesteten erwachsenen Versuchspersonen verhalten und sich somit primär an Kasus- und Kongruenzinformationen orientieren. Diese Annahme kann nur teilweise bestätigt werden: Während der Faktor Belebtheit bei Lindner (vgl. 2003: 227) keinen signifikanten Einfluss auf die Varianz ausübte, erweist er sich hier als ein der Kasusmarkierung ebenbürtiger Hinweis für die Satzinterpretation und stellt sich für manche Probanden sogar als ein stärkerer Hinweis für die Wahl des Agens als die Kombination von Kongruenz und Kasus heraus. Somit ist es auch nicht möglich, weitere Evidenz für die in der Referenzstudie als bestätigt geltende Hypothese zu liefern, dass die Satzverarbeitung von Muttersprachlern anhand von grammatischen, und da v.a. anhand von lokalen Cues verläuft.[28] Jedoch stimmen die hier vorliegenden Ergebnisse mit denen des Act-Out-Experiments in Lindner (2003) in Hinblick auf die nur geringe Erklärungskraft der Wortstellung sowie bezüglich der Kongruenz überein, die sich in beiden Studien als der stärkste Cue für die Satzinterpretation zeigt. Als besonders aufschlussreich erweisen sich hier die Konfliktsituationen zwischen AG1 und C2 bzw. AG2 und C1, in denen die Cue-Stärke der Kongruenz die der Kasusmarkierung übersteigt.[29] Damit bestätigen die gewonnenen Daten die zentrale Annahme des CMs, dass die Cue-Stärke eine Funktion von Cue-Validität ist und dass auch die Frequenz eines Cues eine bestimmende Rolle spielt:

---

[28] Da in der Studie von Lindner bereits für 4-jährige Kinder keine signifikanten Werte mehr für den Einfluss der Belebtheit auf die Satzinterpretation erzielt werden, kann nicht die Rede davon sein, dass die hier getesteten Versuchspersonen im Jugendalter sind und nicht wie bei Linder im Erwachsenenalter.

[29] Hier wählten bei Lindner 87% der Versuchspersonen die zweite NP, in AG1 C2-Sätzen handelte es sich um 67%, die die erste NP wählten.

Obwohl Korpusuntersuchungen für Kasusmarkierung und Kongruenz absolute Zuverlässigkeit ergaben, orientierte sich die einsprachige Kontrollgruppe aus der Kempe/MacWhinney (1999) - Studie aufgrund der geringen Verfügbarkeit nur zu einem geringeren Anteil an der Kasusmarkierung. Stattdessen griffen sie unter dem Einfluss von Cue-Cost auf den Cue mit der zweithöchsten Reliabilität zurück, d.h. auf die Belebtheit. Dieses Verhalten der Muttersprachler können die hier vorliegenden Ergebnisse aufgrund des verstärkten Zurückgreifens auf eben diesen Faktor sowie auf den der Kongruenz bestätigen. Daraus resultiert für beide Variablen eine hohe Konfliktvalidität (vgl. McDonald 1986, 1987, Kail 1989).

Für einen Vergleich der hier erhobenen Daten der Zweitsprachler mit Vorgängerstudien können quasi nur Ergebnisse hinzugezogen werden, die mit Lernern des Deutschen als *Fremd*sprache gewonnen wurden, da die Satzverarbeitungsforschung bis dato die Interpretationsstrategien von Sprechern des Deutschen als Zweitsprache nicht in ihre Untersuchungen aufgenommen hat. Bei den bisher durchgeführten Experimenten handelt es sich sowohl um Pseudo-Longitudinalstudien als auch um Querschnittserhebungen; gemeinsam ist jedoch den meisten, dass sie sich mit der Verwendung von grammatischen und semantischen Cues in unterschiedlichen Stufen des Spracherwerbsprozesses befassen. Aktuelle Studien (z.B. Jackson 2008a, 2008b) ermittelten, dass auch fortgeschrittene Muttersprachler des Englischen sich bei der Satzverarbeitung in der Fremdsprache Deutsch von Muttersprachlern des Deutschen unterscheiden. Auch Kempe/MacWhinney (1998: 565ff) zeigten für Fremdsprachenlerner des Deutschen hohe Fehlerquoten in OVS-Sätzen mit eindeutiger Kasusmarkierung auf, die jedoch mit Fortschreiten der Sprachkompetenz sinkt. Jackson (2007) untersuchte die Interpretationsstrategien von Muttersprachlern des Englischen, die im 5. bzw. 6. Semester Deutsch studieren. In einem Verstehenstest wurden die Lerner gebeten, in einem Fragebogen mit 24 Sätzen das jeweilige Subjekt zu unterstreichen. Es handelte sich hierbei um HS+NS Gefüge des Types *Peter kann sehen, dass das Spiel den Trainer ärgert.* Die Sätze variierten in Belebtheit und Wortstellung. Das Ergebnis weist auf eine Präferenz für semantische Informationen und Wortstellung hin und unterstreicht die Schwierigkeit für Sprecher mittleren Niveaus, Kasusmarker auf der Satzebene zu erkennen und zu interpretieren. Gleichzeitig zeigt die Studie auch, dass ein steigendes Bewusstsein über die Wichtigkeit der Kasusmarkierung für die Identifikation semantischer Rollen im Deutschen zu einer signifikanten Verbesserung bei der Bewältigung der Aufgaben führt (vgl. Jackson 2007: 419). Ritterbusch et al. (2006) testeten Deutschlerner, deren Sprachstand sie auf Mittelstufenniveau einordneten. Das Design sah für die Versuchspersonen vor, den definiten Artikel in einen Lückentext einzufügen, um auf diese Weise die Fähigkeit der Probanden zu ermitteln, semantische Rollen korrekt zu interpretieren. Während die Lerner in den meisten Fällen den richtigen Artikel auswählten, so war die Quote bei den Subjekt-Erstsätzen wesentlich höher als bei Objekt-Erstsätzen. In einem zweiten Test galt es, den Kasus bei Substantiven mit bestimmtem Artikel und somit mit Genusmarkierung zu bestimmen. Hier lagen die Lerner zu 77% richtig (vgl. 2006: 38). Für die Analyse dieser Ergebnisse zogen Ritterbusch et al. VanPattens „first noun"- Hypothese hinzu und folgerten, dass bestimme Informationen von Lernern nicht vollständig verarbeitet werden. In diesem Zusammenhang steht auch die von Clahsen/Felser (2006: 49ff) aufgrund von Ergebnissen einer Online-Studie formulierte *shallow structure hypothesis*, welche vorschlägt, dass die syntaktische Darstellung, die L2-Sprecher während der Sprachverarbeitung aufstellen, „shallower" und damit weniger detailliert ist als diejenige von erwachsenen Muttersprachlern. Die Autoren nehmen an, dass Muttersprachler strukturelle Strategien und syntaktische Informationen bei der Satzverarbeitung bevorzugen, wohingegen für Fremdsprachler folgendes gilt:

> By way of accounting for these differences, we proposed the shallow structure hypothesis according to which the sentential representations adult L2 learners compute for comprehension contain less syntactic detail than those of native speakers (ebd.: 56f).

Ausgehend von dieser These sowie den Ergebnissen aus Vorgängerstudien wurde angenommen, dass die hier getesteten Schüler mit türkischem Migrationshintergrund Kasusmarkierung nur zu einem geringen Ausmaß in die Satzverarbeitung integrieren. Diese Vermutung muss jedoch angesichts der vorliegenden Datenlange komplett revidiert werden, denn die statistische Analyse ermittelte für die untersuchten DaZ-Lerner die Kasusmarkierung als den validesten Cue, dieses sowohl in Hinblick auf Allgemein- wie auch Konfliktvalidität. Auch der Vergleich der Kasusstärke der Schüler mit Migrationshintergrund mit dem der monolingualen Kontrollgruppe präsentiert ein erwartungswidriges Ergebnis:

Die Effektgröße der Kasusmarkierung ergibt für die Zweitsprachler eine stärkere Erklärungskraft als für die Muttersprachler. Damit weisen die hier erzielten Ergebnisse eine ähnliche Tendenz wie die Studie von Kempe/MacWhinney (1998) auf. Diese testete in einem Online-Experiment sehr fortgeschrittene englischsprachige Deutsch- und Russischlerner sowie muttersprachliche Kontrollgruppen und kam für beide Sprachen zu qualitativ identischen Ergebnissen zwischen Ein- und Zweisprachigen. Unterschiede ergaben sich dort lediglich in Bezug auf die Reaktionszeiten: Während Sätze mit neutraler Kasusmarkierung etwa gleich schnell verarbeitet wurden, wurden die Sätze mit Kasusmarkierung auf dem ersten Nomen schneller von den Zweitsprachenlernern als von den Muttersprachlern verarbeitet. Als Erklärungsansatz für diese quantitative Abweichung schlugen die Autoren vor, dass L2-Lerner direkt auf Kasusmarkierung als Satzinterpretationsindiz achten: „This might be a consequence of awareness of inflectional structures induced by explicit learning of morphology as favoured in the classroom setting" (Kempe/MacWhinney 1998: 568).[30] Dieses könnte auch im Fall der hier getesteten DaZ-Lerner von Bedeutung sein: Auch wenn die Schüler mit Migrationshintergrund nicht alle an einem gezielten DaZ-Förderunterricht teilnehmen oder teilgenommen haben, so könnte es doch möglich sein, dass sie dem grammatischen Regelunterricht anders folgen als die Muttersprachler und aufgrund der Komplexität des deutschen Flexionsparadigmas intensiver für die unterschiedlichen Formen sensibilisiert sind. Eine weitere mögliche Erklärung könnte Slobin/Bevers (1982) *Local Cue Hypothesis* bieten, die vorhersagt, dass „lokale" Cues wie Kasusmarkierung leichter zu verarbeiten sind als distributive wie Wortstellung, da sie einer geringeren Leistung des mentalen Arbeitsspeichers bedürfen. Diese Annahme wurde zwar ursprünglich aufgrund von Erwerbsdaten für das Türkische und Ungarische formuliert (vgl. MacWhinney et al. 1985 für Ungarisch; vgl. Slobin/Bever 1982 für Türkisch), könnte aber trotz der Unterschiede in den Sprachen auch für das Deutsche gelten.

Des Weiteren wäre es durch die hier vorliegenden Ergebnisse möglich, von einem Transferprozess zu sprechen. Eine Vielzahl von Autoren, z.B. Gass/Selinker (vgl.

---

[30] Dagegen sprechen die Ergebnisse von Jackson (2008a, 2008b) und Ritterbusch et al. (2006). In diesen Studien konnten die Schwierigkeiten von DaF-Lernern aufgezeigt werden, die sich bei der Identifikation von Kasusmarkierungsinformationen in Objekt-Erstsätzen ergaben.

2001: 197), postulieren, dass Sprecher einer Fremdsprache zunächst auf die Strategien ihrer Muttersprache zurückgreifen, um zu einem späteren Zeitpunkt, nämlich dann, wenn sie die Unterschiede zwischen der Muttersprache und der Zielsprache aufgedeckt haben, auf eine universelle Interpretation zurückzugreifen. In diese Richtung argumentiert auch Jackson (2008a: 392), beziehungsweise führt die Argumentation weiter, indem sie annimmt: „As proficiency increases, L2 learners appear to become more attuned to the relative strength of cues in the L2, although this trend toward increasing native-likeness is rarely complete." Für die türkische Sprache konnte nicht zuletzt durch die Studien von Slobin/Bever (1982) und MacWhinney et al. (1985) die Vorreiterstellung der Kasusmarkierung für die Satzinterpretation aufgezeigt werden. Wenn man also von Transfer spräche, wie es das UCM aufgrund von ungenügender Resonanz vorschlägt, dann müssten die DaZ-Lerner zunächst stark auf diesen Cue reagieren und sich mit steigendem Sprachniveau an die Muttersprachler angleichen. Gleichzeitig müsste der Gebrauch der Subjekt-Verb-Kongruenz als zuverlässigster Cue ansteigen. Dieses kann jedoch durch die Ergebnisse der einzelnen ANOVAs für jede C-Test-Gruppe nicht eindeutig bestätigt werden:

Der Wert der Effektgröße Eta^2 für Kongruenz steigt zwar im Laufe des Zweitspracherwerbs an, gleiches gilt jedoch auch für den Wert der Kasusmarkierung. Somit lässt sich hier eher von einer steigenden Sensibilisierung, sprich von einer stärkeren Aktivierung der deutschen Grammatik sprechen als von einem Transfereffekt. Hierfür spricht auch die Tatsache, dass in Studien über Muttersprachler des Englischen, die Deutsch als Fremdsprache erlernten, der Gebrauch der Kasusinformationen zunahm. Diese Argumentation unterstützen auch Felser et al. (2003) und Papadopoulou/ Clahsen (2003). Sie fanden in Online-Verfahren heraus, dass Lerner des Englischen mit unterschiedlichen sprachlichen Voraussetzungen zu ähnlichen Zeitpunkten in ihrer Entwicklung ähnliche Verarbeitungsstrategien anwenden.

Neben dem erstaunlich hohen Determinierungskoeffizienten für Kasusmarkierung unterscheiden sich die hier vorliegenden Ergebnisse von früheren Studien zu Fremdsprachenlernern des Deutschen durch den vergleichsweise geringen Einfluss der Semantik auf die Satzverarbeitung. Sowohl für das Deutsche als auch für das Russische ermittelten Kempe/MacWhinney (vgl. 1998: 566), dass Fremdsprachler das erste Nomen häufiger als Agens auswählen, wenn es belebt ist, zumal die Verfügbarkeit des Belebtheits-Cues dazu neigt, mit dem „probable event"-Cue übereinzustimmen beziehungsweise sich mit diesem zu vermischen. Die Autoren schlossen daraus folgendes: „Learners of German consider semantic information immediately and regardless of whether an unambiguous case marker is present or not (ebd.: 567)." Auch Jackson (2008a) wies in einem Online-Experiment sowohl für Fortgeschrittene Lerner des Deutsch als Fremdsprache als auch für die Lerner auf Mittelstufenniveau höhere Verstehensraten und schnellere Lesezeiten für Sätze mit nicht-animiertem Substantiv nach. Nur bei den fortgeschrittenen Lernern war die Verständnisrate bei Sätzen mit einem belebten Substantiv in der Erstposition höher. Aufbauend auf diesen Ergebnissen entwickelte Jackson den folgenden möglichen Interpretationsansatz: Belebtheit hilft bei der Satzinterpretation, da eher belebte Nomen Subjekt oder Agens eines Satzes sind als unanimierte. Da sie in ihrem Experiment nur das Subjekt manipulierte (das direkte Objekt blieb immer belebt), ist es demnach möglich, dass sich die gefundenen Belebtheitseffekte in dieser und in Vorgängerstudien nicht auf eine Prototyp-Strategie zurückführen lassen, sondern mit der Einfachheit zusammenhängen, einen Satz anhand der Bedeutung der einzelnen Wörter zu verarbeiten und Weltwissen und Realitätsanspruch in die Satzverarbeitung zu integrieren. Daher fasst Jackson (2008a: 400) zusammen: „The results suggest that semantic information and real world event probabilities played a crucial role in the strategies the L2 learners used to comprehend the target sentences." Im Unterschied zu dieser Studie jedoch kann bei den hier verwendeten Stimuli nicht von realen Situationen gesprochen werden, weshalb es den Probanden beider Gruppen nicht möglich war, das Weltwissen als Cue hinzuziehen. Somit war es für die Versuchspersonen bei diesen Sätzen nur schwer möglich, sich zunächst an deren Bedeutung und dann an der Form zu orientieren (vgl. die These von VanPatten 1996).

3.3 Experiment 2: Kontextuelle Einflüsse auf die Satzverarbeitung

Die Mehrzahl der Satzverarbeitungsstudien, wie auch das zuvor beschriebene Experiment, konzentriert sich darauf, wie Menschen Sätze in isolierter Form interpretieren. Folglich beschäftigen sich die Untersuchungen mit der Verwendung von unterschiedlichen Oberflächen-Cues wie Wortstellung, Belebtheit, Kasusmarkierung und Subjekt-Verb-Kongruenz. Der Einfluss einer kontextuellen Einbettung auf das Antwortverhalten der Versuchspersonen wurde in den Studien zur Satzverarbeitung hingegen vernachlässigt. Das vorliegende Experiment soll derartige Priming-Effekte aufdecken und es wird der Frage nachgegangen, inwieweit sich die Satzinterpretation der Schüler mit Deutsch als Zweitsprache von der der monolingualen Kontrollgruppe unterscheidet.

3.3.1 Vorgängerstudien

Es gibt bis jetzt nur wenige Studien, die neben „intrasentential cues" auch die Auswirkungen von „extrasentential cues" (Su 2001: 168) auf die Satzverarbeitung analysiert haben. MacWhinney et al. (1984) widmeten sich dem Einfluss der kontrastiven Betonung im Deutschen, Englischen und Italienischen. Sie fanden heraus, dass die Sprecher aller Sprachen die manipulierten, satzimmanenten Cues stärker für die Zuweisung semantischer Rollen verwenden, als den satzexternen Cue Betonung. Ein Vergleich der einzelnen Sprachen zeigte, dass die Muttersprachler des Deutschen prosodische Variationen stärker in ihre Satzverarbeitung integrieren als die Sprecher des Italienischen oder Englischen. Die Ergebnisse für das Englische konnten durch Holmes (1984) bestätigt werden. Holmes fügte ambigen Zielsätzen, z.B. *The teacher taught the children to draw with care,* einem Satz, in dem sich die Adverbialphrase *with care* sowohl auf das Verb *draw* als auch auf das verb *taught* beziehen kann) einen Kontext hinzu. Trotz der Doppeldeutigkeit bevorzugten es die Teilnehmer, die Adverbialphrase mit der schwächeren als mit der stärkeren Verbalphrase zu verbinden, sprich mit *draw* und nicht mit *taught*. In einem zweiten Teil wurde der Kontext so an den Satz angepasst, dass entweder das erste oder das zweite Verb fokussiert wurde: *Even though she was rather casual and impatient with some of the children, the teacher managed to teach them to produce quite careful drawings* vs. *Even though the children's drawing were often sloppy and careless, she showed a great deal of patience in teaching them.* Die Ergebnisse zeigen, dass der Kontext relativ ineffektiv war, um die syntaktische Präferenz, *draw* zu wählen, zu modifizieren. Der Autor schloss daraus, dass einem bestimmten Satz dessen Struktur ungeachtet seiner syntaktischen Umgebung zugeschrieben wird. In einer Studie von Gibson et al. (einger.) hingegen ließen sich englische Muttersprachler bei der Interpretation von Subjekt- und Objektrelativsätzen von der kontextuellen Einbettung leiten. Auch für das Chinesische konnte in einem ähnlichen Design besagter Einfluss auf die Verarbeitung von Subjekt- und Objektrelativsätzen nachgewiesen werden (vgl. Gibson/Wu 2010).

Diese Studien konzentrieren sich jedoch alle auf die Satzverarbeitungsstrategien von Muttersprachlern. Mit Sprechern einer Fremdsprache beschäftigt sich Su (2001). Das durchgeführte Experiment geht der Art und Weise nach, wie L1- und L2-Sprecher des Chinesischen und Englischen eine vorhergehende kontextuelle Information in die Verarbeitung ihrer Mutter- respektive Fremdsprache in Verbindung mit syntaktischen und semantischen Hinweisen integrieren. Für die Muttersprachler des Englischen nahm Su aufgrund der Ergebnisse von Holmes an, dass sich besagte Gruppe bei der Interpretation dekontextualisierter, einfacher Deklarativsätze primär an syntaktischen Hinweisen und hier besonders an der Wortstellung orientiere. Für die Muttersprachler des Chinesischen hingegen wurde vermutet, dass sie vor allem an semantischen Hinweisen festhalten, d.h. an der Belebtheit des Nomens (vgl. Li et al. 1993, Liu et al. 1992). Diese Ergebnisse konnte Su (2001) bestätigen. In der Studie achten beide Versuchsgruppen eher auf satzimmanente Cues und integrieren kontextuelle Informationen nur zu einem geringen Ausmaß in ihre Verarbeitungsstrategie, wobei diese Tendenz stärker für die englischen als für die chinesischen Muttersprachler zu beobachten ist. Die Versuchspersonen mit L1 Englisch verändern ihre Präferenz für die Wortstellung bei Hinzunahme eines Kontexts nicht, eine Varianzanalyse konnte keinen signifikanten Haupteffekt für diesen Faktor erzielen, für die chinesischen Muttersprachler hingegen erreicht er das Signifikanzniveau. Dieses ist nicht ungewöhnlich, da das Chinesische mehr Flexibilität in der Wortstellung zulässt und z.B. die Topikalisierung des Objekts ermöglicht. Insgesamt achten die Probanden primär auf die Belebtheit:

> Among the three cues [Kontext, Belebtheit, Wortstellung, M.G.], the Chinese controls exhibited the greatest preference for the semantic cue (noun animacy) in processing their L1, $F(2,30) = 48.02$, $p<.001$, accounting for 63% the experimental variance (Su 2001: 175).

Folglich konnte Kontext mit einer Erklärungskraft von 29% nicht den „Wettkampf" gegen Belebtheit "gewinnen", auch nicht, wenn Belebtheit und Wortstellung zusammen gegen den Kontext „wetteiferten", wie in der chinesischen Übersetzung des folgenden Satzes: *The door is swinging; hits the tiger the door.* Hier wählen chinesische Muttersprachler den *Tiger* in der Mehrzahl, auch wenn Wortstellung und Belebtheit auf die Tür weisen. Hinsichtlich der Fremdsprachenlerner des Chinesischen respektive Englischen konnte festgestellt werden, dass diese kontextuelle Informationen viel stärker in ihre Satzinterpretation integrieren als Muttersprachler. Die chinesischen Lerner des Englischen auf Mittelstufenniveau verwenden die kontextuellen Informationen am meisten (dieser Faktor erklärt 56% der Varianz). Generell war der Einfluss in den semantisch reversiblen AA-Bedingungen am stärksten. Bei einem Belebtheitskontrast entscheiden sich die Lerner aller Sprachniveaus in der Mehrzahl der Fälle unabhängig vom Kontext für die belebte NP. Für die chinesischen Muttersprachler ergeben sich deutlichere Ergebnisse bei der Verarbeitung der Fremdsprache als für die englischen Muttersprachler mit L2 Chinesisch. Letztere verwenden primär die Wortstellung als Hinweis für die Zuordnung semantischer Rollen. Lediglich in den nichtkanonischen Wortstellungen lassen sie sich von kontextuellen Informationen beeinflussen.

Aufgrund dieser Ergebnisse führte Su eine weitere Studie jedoch nur mit Muttersprachlern des Englischen und Chinesischen durch, in der der vormals wenig elaborierte Kontext ausgeweitet wurde. Die Primes lauten wie folgt: *A tiger wants to attack a rabbit's child. In order to protect the child... (N1) A tiger is hungry and is looking for something to eat. Suddenly it sees a rabbit... (N2).* Die Zielsätze wurden folgendermaßen konstruiert: *The rabbit bites the tiger.* (Su 2004: 593) Das Experiment legte dar, dass auch Muttersprachler des Englischen bei starker kontextueller Einbettung diese als Cue für die Satzinterpretation verwenden. Auch wenn Wortstellung der wichtigste Cue im Englischen bleibt, erreicht in dieser Studie der Haupteffekt für Kontext das Signifikanzniveau und erklärt 35% der Varianz. Die Auswirkungen der kontextuellen Einbettung sind für die Muttersprachler des Chinesischen noch stärker. Insgesamt erklärt dieser Faktor 70% der Varianz. Bei favorisierter erster NP entscheiden sich die Versuchspersonen zu 73% für diese, bei favorisierter zweiter NP folgen die Muttersprachler diesem Hinweis zu 33%. Folglich haben Sprecher dieser beider Sprachen trotz favorisierter zweiter NP die Tendenz, der ersten NP die Rolle des Agens zuzuweisen. Allerdings merkt Su (vgl. 2004: 588) an, dass man vorsichtig sein müsse, allgemeingültige Schlüsse aus diesen Ergebnissen zu ziehen, da dieses Gebiet der Satzverarbeitung bisweilen mehrheitlich für die englische Sprache untersucht wurde. Dieses macht es schwierig, von einer übersprachlichen Tendenz zu sprechen und unterstreicht die Relevanz der durchgeführten Studie. Wie schon Su andeutete (vgl. 2004: 590), könnten Muttersprachler von Sprachen, die zu pragmatischen Zwecken eine flexible Wortstellung erlauben, wie es eben im Deutschen möglich ist, dem Kontext eine ganz andere Bedeutung zuteilen. Da die deutschen Probanden in der MacWhinney et al.-Studie (1984) bereits stark auf kontrastive Betonung reagierten, wird für die monolinguale Kontrollgruppe für die vorliegende Untersuchung folgendes angenommen:

1. Muttersprachler des Deutschen reagieren stark auf kontextuelle Informationen, da sie aufgrund der flexiblen Wortstellung auch durch den natürlichen Sprachgebrauch für die Rolle des Gesprächskontexts sensibilisiert sind. Aus diesem Grund müssten sich kontextuelle Informationen gegenüber anderen Cues durchsetzten.

Für die Zweitsprachler stellt sich die Frage, ob sie die gleichen Verarbeitungsstrategien wie die Kontrollgruppe anwenden oder ob sie sich in ihrem Verhalten von den Muttersprachlern unterscheiden. Zunächst jedoch ergibt sich für sie die folgende Situation: Der in der vorhergehenden Studie nachgewiesene wichtigste Cue (Kasusmarkierung) wurde neutralisiert, d.h. die Probanden müssen die Sätze ohne diese Informationen verarbeiten. Darauf aufbauend wird die folgende Hypothese formuliert:

2. Schüler mit L1 Türkisch lassen sich in Abwesenheit ihres favorisierten Satzverarbeitungscues „Kasusmarkierung" von der vorhergehenden kontextuellen Information leiten.

Inwieweit es sich hierbei um Cue-Transfer handelt, wird aufgrund der nicht verfügbaren Ergebnisse für die türkische Sprache offen bleiben. Generell jedoch sollten die Schüler mit Migrationshintergrund durch ihre Muttersprache für den Nutzen kontextueller Informationen zur Satzinterpretation sensibilisiert sein. Schließlich handelt es sich beim Türkischen um eine Sprache mit recht flexibler Wortstellung, in der es möglich ist, transitive Sätze ohne distinktive Kasusmarkierung zu konstruieren (vgl. 3.1.2). Des Weiteren wird vermutet, dass die Schüler mit Deutsch als Zweitsprache Wortstellung als satzimmantenten Cue in ihre Verarbeitungsstrategie einbeziehen, da der im ersten Experiment aufgetretene, durch Kasusmarkierung ausgelöste Cue-Cost-

Einfluss im vorliegenden Design nicht mehr gilt. Im Falle einer kontrastiven Belebtheitsbedingung ist daher davon auszugehen, dass Belebtheit und auch Weltwissen gegenüber der kontextuellen Einbettung „gewinnen", da sie leichter zu verarbeiten sind und somit geringere Anforderungen an den mentalen Arbeitsspeicher stellen. Dieses führt zur dritten Hypothese:

3. Im Falle von Verständnisschwierigkeiten wenden die Schüler mit Migrationshintergrund unabhängig des Kontexts die „first noun"-Strategie an.

Als letztes wird, wie auch im ersten Experiment, von Folgendem ausgegangen:

4. Mit steigendem Sprachniveau bedienen sich die Versuchspersonen der gleichen Satzverarbeitungsstrategien wie die Muttersprachler.

3.3.2 Testsätze

In Anlehnung an Su (2004) soll im folgenden Primingexperiment die Interaktion von der Belebtheit des Nomens, Wortstellung und Kontext getestet werden. Da Kasusmarkierung nicht als Hinweis für die Satzverarbeitung dienen sollte, wurden ausschließlich Substantive im Femininum oder Neutrum gewählt. Dieses hatte zur Folge, dass eine direkte Übersetzung der Stimuli aus der Vorgängerstudie nicht möglich war. Neben Änderungen an den Argumenten mussten auch die Handlungen modifiziert werden, da die meisten Zielsätze in der deutschen Übersetzung mit einem trennbaren Verb hätten konstruiert werden müssen, was die Satzstruktur der Targets deutlich verändert hätte. Aus diesen Gründen wurden für das hier durchgeführte Experiment neue Primes und Zielsätze konstruiert.[31] Die Stimuli unterscheiden sich in der Wortstellung: *Verberststellung* (VNN), *Verbzweitstellung* (NVN) und *Verbletztstellung* (NNV). Die Belebtheit der Substantive wurde variiert, sodass drei unterschiedliche Kombinationen entstehen: *Belebt–unbelebt* (AI), *belebt–belebt* (AA), *unbelebt–belebt* (IA). Durch das Kombinieren dieser Faktorstufen ergeben sich neun Satztypen: AVA, AAV, VAA, AVI, AIV, VAI, IVA, IAV und VIA. Jeder Satztyp wurde in drei unterschiedlichen Sätzen präsentiert, wie das Beispiel für AVA zeigt:

---

[31] Der Einfluss der einzelnen Primes wurde in zwei Pretests mit je 8 Versuchspersonen (nur Muttersprachler) getestet. Nach dem ersten Pretest wurden diejenigen Primes modifiziert, die keine Auswirkungen auf die Wahl der NP gezeigt hatten. Im zweiten Pretest waren bei allen Stimuli mindestens 60% der Versuchspersonen bereit, sich von dem Prime beeinflussen zu lassen.

Die Katze attackiert die Maus.
Das Kaninchen beißt das Wildschwein.
Die Frau erschreckt das Pferd.

Die Kontextsätze wurden den Zielsätzen vorangestellt und so konstruiert, dass sie entweder die Interpretation des ersten Substantivs eines Zielsatzes (vgl. *Die Katze attackiert die Maus*) favorisieren (im Folgenden abgekürzt durch „N1 fav.") wie in *Die Katze schläft. Eine Maus läuft vorbei und weckt die Katze auf. Die Katze ist böse* oder die des Nomens, welches in postverbaler Position steht (Bedingung „N2 fav.", vgl. *Eine Maus spielt mit ihrem Besitzer. Plötzlich rennt eine Katze auf sie zu. Die Maus will ihren Besitzer beschützen*). Die notwendigen 54 kontextuellen Einbettungen bestehen jeweils aus zwei bis drei Sätzen (vgl. Anh.10). Alle Sätze wurden mit neutraler Intonation aufgenommen und nach dem Latin-Square-Prinzip in ihrer Reihenfolge variiert.

3.3.3 Durchführung

Wie auch in Su (2004: 592) wurde jeder Versuchsperson ein Antwortzettel (vgl. Anh.11) ausgehändigt, auf dem die beiden Substantive des Zielsatzes geschrieben waren und zwar in der Reihenfolge, wie sie auch auftraten. Jeder Zielsatz wurde mit dem dazugehörigen vorhergehenden Kontext, der entweder die erste oder die zweite NP favorisierte, abgespielt. Zwischen dem Prime und dem Target gab es keine zeitliche Verzögerung, zwischen den jeweiligen Stimuli hatten die Versuchspersonen zwei Sekunden Zeit, sich zu entscheiden und das Nomen anzukreuzen, welches ihrer Meinung nach die im Satz beschriebene Handlung ausgeführt hat.[32] Bevor der Test begann, wurden die Testpersonen darauf hingewiesen, dass sich manche Sätze komisch anhören, sie aber trotzdem eine Entscheidung fällen sollen. Des Weiteren wurde unterstrichen, dass es bei dem Experiment keine richtigen oder falschen Antworten gibt und dass es der erste Eindruck ist, der hier abgefragt wird. Danach wurden mit den

---

[32] Der Hinweis von Sasaki (1997) bzgl. des semantischen bzw. grammatikalischen Primings durch die Art des Arbeitsauftrags wurde zur Kenntnis genommen. Da in Vortests jedoch keine Unterschiede zwischen den Aufträgen, denjenigen zu wählen, „der was macht" oder aber das „Subjekt" auszuwählen, festgestellt wurden, wurde aus Gründen der Einfachheit erstere Formulierung gewählt. So konnte die Bitte nach einer Begriffserklärung umgangen werden.

Probanden zwei Beispielsätze zunächst angehört und dann besprochen. Die Beispielsätze enthielten andere Substantive und Verben als der Test und die Ergebnisse wurden nicht in die Datenanalyse einbezogen.

3.3.4 Ergebnisse

Das durchgeführte Experiment geht der Auswirkung des Gesprächskontexts auf die Satzverarbeitung von Sprechern des Deutschen als Erst –und Zweitsprache nach. Somit konzentrieren sich die folgenden Ergebnisse auf den Kontext als Haupteffekt und auf dessen Interaktion mit den weiteren Faktoren Belebtheit und Wortstellung in der jeweiligen Gruppe.

3.3.4.1 Ergebnisse der einfachen Varianzanalysen

Um einen möglichen Unterschied in der Satzverarbeitung der Erst –und Zweitsprachensprecher des Deutschen ausmachen zu können, wurde zunächst eine einfache 2 (Muttersprache) x 2 (Kontext) x 3 (Wortstellung) x 3 (Belebtheit) -Varianzanalyse gerechnet. Für den Haupteffekt „Muttersprache" wird ein höchst signifikanter Wert [$F_{(2332)} = 82.970$; $p<.001$] aufgezeigt und auch dessen Interaktion mit dem Faktor Kontext liegt im statistisch signifikanten Bereich: [$F_{(2332)} = 198.814$; $p<.001$). Durch die Verbindung beider Variablen lässt sich 7,9% der Varianz erklären. Des Weiteren wirken sich die Mehrfachinteraktionen Belebtheit*Kontext*Muttersprache [$F_{(2,2332)} = 5.786$; $p<.01$] und Wortstellung*Belebtheit*Muttersprache [$F_{(4,2332)} = 3.518$; $p<.01$] signifikant auf die beobachtete Varianz aus (vgl. Tabelle 5). Dieses Ergebnis ist die Voraussetzung für weitere gruppenspezifische Berechnungen.

Dependent Variable: Antwort

Source	Type III Sum of Squares	df	Mean Square	F	Sig.	Partial Eta Squared
Corrected Model	175,253[a]	35	5,007	30,749	,000	,316
Intercept	933,749	1	933,749	5734,10	,000	,711
WO	4,793	2	2,396	14,716	,000	,012
Belebtheit	6,740	2	3,370	20,696	,000	,017
Kontext	96,881	1	96,881	594,940	,000	,203
L1	**13,511**	**1**	**13,511**	**82,970**	**,000**	**,034**
WO * Belebtheit	6,186	4	1,547	9,498	,000	,016
WO * Kontext	,512	2	,256	1,573	,208	,001
Belebtheit * Kontext	1,061	2	,531	3,259	,039	,003
WO * Belebtheit * Kontext	1,299	4	,325	1,994	,093	,003
WO * L1	,205	2	,102	,629	,533	,001
Belebtheit * L1	,701	2	,350	2,151	,117	,002
WO * Belebtheit * L1	2,291	4	,573	3,518	,007	,006
Kontext * L1	**32,375**	**1**	**32,375**	**198,814**	**,000**	**,079**
WO * Kontext * L1	,236	2	,118	,725	,485	,001
Belebtheit * Kontext * L1	1,884	2	,942	5,786	,003	,005
WO * Belebtheit * Kontext * L1	,311	4	,078	,478	,752	,001
Error	379,747	2332	,163			
Total	1480,000	2368				
Corrected Total	555,000	2367				

a. R Squared = ,316 (Adjusted R Squared = ,306)

Tabelle 5: Einfaktorielle Varianzanalyse: Vergleich zwischen L1 und L2 Deutsch

Für die Entschlüsselung der gruppenspezifischen Verarbeitungsstrategien wurden wie auch im ersten Experiment zwei 3 (Belebtheit) x 3 (Wortstellung) x 2 (Kontext) - ANOVAs für die Sprecher des Deutschen als Muttersprache und die Sprecher des Deutschen als Zweitsprache gerechnet. Die Varianzanalyse ermittelt für die monolinguale Kotrollgruppe einen beachtlichen Erklärungswert des Kontext-Cues: Eta² erklärt 43,8% der Varianz durch den Einfluss kontextueller Einbettung [$F(1,1223) = 953,438$; $p<.001$]. Wie in Hypothese 1 angenommen, lassen sich also die monolingual aufwachsenden Schüler stark von einem vorhergehenden Kontext beeinflussen. Auch die anderen Cues übersteigen hinsichtlich ihrer Einflusskraft auf die Satzinterpretation das Signifikanzniveau, wobei die Wortstellung [F(2, 1223) = 11,875; p<.001] und die Belebtheit [F(2,1223) = 11,933; p<.001] jeweils nur 1,9% der Varianz erklären. Während die Faktoren Belebtheit*Kontext [F(2, 1223) = 10,942; p<.001] in ihrer Interaktion signifikant das Ergebnis beeinflussen, so gilt dies nicht für das gemeinsame Einwirken von Kontext und Wortstellung. Dafür aber wirkt die Interaktion aus Wortstellung*Belebtheit [F(4, 1223) = 14,807; p<.001] auf die Varianz ein, unabhängig von kontextuellen Informationen (vgl. Tabelle 6):

Dependent Variable: Antwort

Source	Type III Sum of Squares	df	Mean Square	F	Sig.	Partial Eta Squared
Corrected Model	144,221[a]	17	8,484	63,820	,000	,470
Intercept	379,600	1	379,600	2855,66	,000	,700
WO	3,157	2	1,579	11,875	,000	,019
Belebtheit	3,173	2	1,586	11,933	,000	,019
Kontext	**126,739**	**1**	**126,739**	**953,438**	**,000**	**,438**
WO * Belebtheit	7,873	4	1,968	14,807	,000	,046
WO * Kontext	,084	2	,042	,317	,728	,001
Belebtheit * Kontext	2,909	2	1,455	10,942	,000	,018
WO * Belebtheit * Kontext	,299	4	,075	,562	,690	,002
Error	162,572	1223	,133			
Total	686,000	1241				
Corrected Total	306,793	1240				

a. R Squared = ,470 (Adjusted R Squared = ,463)

Tabelle 6: Einfaktorielle Varianzanalyse für L1 Deutsch

Der Vergleich dieser Daten mit den Daten der zweisprachigen Schüler zeigt auf beeindruckende Weise den unterschiedlichen Einfluss der kontextuellen Informationen auf die Satzinterpretation auf. Durch das Priming wird nur 3,6% der Varianz erklärt [F(1109) = 42,011; p<.001]. Die Varianzanalyse für die Zweitsprachler zeigt weiterhin einen höchst signifikanten Werte für Belebtheit [$F(2,1109) = 10.770$; $p<.001$] und einen signifikanten Wert für den Haupteffekt Wortstellung ($F(2, 1109) = 4.854$; $p<.01$]. Jedoch interagieren diese Faktoren nicht miteinander, wie es bei den Muttersprachlern zu beobachten war.

Dependent Variable: Antwort

Source	Type III Sum of Squares	df	Mean Square	F	Sig.	Partial Eta Squared
Corrected Model	17,432[a]	17	1,025	5,236	,000	,074
Intercept	559,016	1	559,016	2854,61	,000	,720
WO	1,901	2	,951	4,854	,008	,009
Belebtheit	4,218	2	2,109	10,770	,000	,019
Kontext	**8,227**	**1**	**8,227**	**42,011**	**,000**	**,036**
WO * Belebtheit	,937	4	,234	1,196	,311	,004
WO * Kontext	,637	2	,318	1,626	,197	,003
Belebtheit * Kontext	,170	2	,085	,435	,647	,001
WO * Belebtheit * Kontext	1,266	4	,317	1,616	,168	,006
Error	217,174	1109	,196			
Total	794,000	1127				
Corrected Total	234,607	1126				

a. R Squared = ,074 (Adjusted R Squared = ,060)

Tabelle 7: Einfaktorielle Varianzanalyse für L2 Deutsch

3.3.4.2   Vertiefte Analyse der Einflussfaktoren

Da die Varianzanalyse für die Schüler mit Migrationshintergrund keinen eindeutigen Cue aufzeigte, der die Satzverarbeitung leitet, werden im Folgenden die deskriptiven Ergebnisse beider Gruppen miteinander verglichen um die unterschiedlichen Verarbeitungsweisen genauer zu beleuchten. Es fällt auf, dass sich die Muttersprachler stärker auf die erste NP primen lassen als die Lerner des Deutschen als Zweitsprache. Die monolinguale Kontrollgruppe folgt dem kontextuellen Hinweis zu 89%, die DaZ-Gruppe zu 78%. Starke Divergenzen ergeben sich bei der Agenszuweisung in den Sätzen, deren vorhergehender Kontext die Interpretation der zweiten NP als

Handlungsträger intendiert: 74% der Muttersprachler nehmen den Kontext zum An-
lass, sich für die zweite NP zu entscheiden, für die Zweitsprachler lag der Wert nur
bei 38%. Hier zeigt sich die Neigung der Schüler mit Migrationshintergrund, ungeachtet kontextueller Einflüsse die erste NP zu wählen. Die Satzverarbeitung verläuft
im Vergleich zur Kontrollgruppe eher „satzimmanent" ab. Die unterschiedliche Satzverarbeitung von monolingualen deutschen Schülern und denen, die Deutsch als
Zweitsprache lernen, fasst die folgende Graphik zusammen:

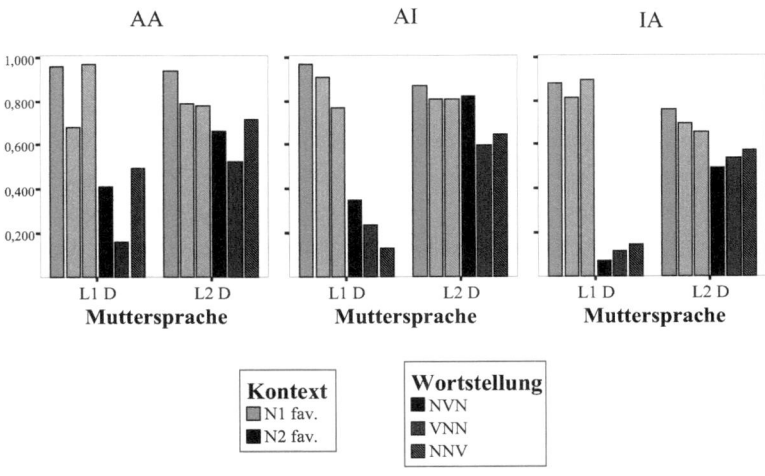

Abbildung 6: Mittelwerte für die Wahl der ersten NP im Vergleich

Die Abbildung verdeutlicht Verarbeitungsunterschiede in Abhängigkeit von den einzelnen Faktorstufen der Belebtheit und der Wortstellung, wie sie auch die Varianzanalysen ermittelten. Zunächst soll auf die Auswirkungen der Manipulation der Belebtheit eingegangen werden.

Das Antwortverhalten der Schüler mit Deutsch als Muttersprache wird durch eine
Variation in der Belebtheit auf allen drei Faktorstufen beeinflusst. In denjenigen Sätzen, in denen beide Substantive belebt sind (vgl. *Das Kaninchen beißt das Wild-*

schwein), wählen sie zu 87% die erste NP, wenn diese auch favorisiert wurde, das Primen der zweiten NP hingegen gelingt nur bei 35%.[33] Der kontextuelle Einfluss ist in den Bedingungen mit kontrastiver Belebtheit bedeutsamer: In Sätzen, in denen die erste NP nicht belebt und die zweite NP belebt ist (IA, vgl. *Die Tasche trägt die Katze*), wählt die monolinguale Kontrollgruppe in der Bedingung „N1 fav." zu 86% die erste NP. Wenn der Kontext die zweite NP favorisiert, liegt der Wert nur noch bei 11%. Bei AI (vgl. *Die Artistin bewegt das Trapez*) verhält es sich ähnlich: N1 fav. provoziert zu 88% die Wahl der ersten NP und auch von einer kontextuellen Einbettung, die die zweite NP als Agens hervorhebt, lassen sich 76% der Versuchspersonen primen. Es zeigt sich also das Bewusstsein der monolingualen Kontrollgruppe für die Stärke des Kontext-Cues im Deutschen.

Bei den Sprechern des Deutschen als Zweitsprache wirkt sich der Einfluss der Belebtheit auf die Wahl des Agens weniger deutlich aus. In Sätzen mit zwei belebten Substantiven entscheiden sie sich zu 84% für das erste Substantiv, wenn dieses auch favorisiert ist. Das Primen der zweiten NP in dieser Belebtheitsbedingung hingegen gelingt wie auch bei der Kontrollgruppe nur bedingt, trotz des auf die zweite NP ausgerichteten Kontexts wählen die Schüler mit türkischem Migrationshintergrund zu 63% die erste NP. Erst bei der kontrastiven Manipulation der Belebtheit unterscheiden sich die DaZ-Lerner von den Muttersprachlern. Bei den AI-Stimuli entscheiden sich 83% der zweisprachigen Probanden für die erste NP, wenn der Kontext diese auch favorisiert. Im Gegensatz zur Kontrollgruppe jedoch folgen lediglich 30% der Probanden in der die zweite NP favorisierenden Bedingung dieser kontextuellen Einbettung und wählen die zweite NP zum Agens des Targetsatzes. Durch die Kombination „unbelebt – belebt" sinken die Prozentwerte für die Wahl der ersten NP in IA-Kombinationen. Dieses deutet darauf hin, dass die Schüler mit Migrationshintergrund in diesem Experiment auch den Belebtheitscue in ihre Verarbeitungsstrategie integ-

---

[33] Einige nachträglich befragte Versuchspersonen erklärten ihr Verhalten in den AA-Sätzen dadurch, dass sie aufgrund der Ähnlichkeit der Tiere die Handlung vergessen hatten und somit Schwierigkeiten hatten, eine Entscheidung zu treffen. Besonders die Sätze *Beißt das Nilpferd das Krokodil* und *Erschreckt das Kaninchen das Meerschweinchen* führten bei den Muttersprachlern zu Unsicherheiten: In der N1 favorisierenden Situation wählten nur 57% bzw. 61% das erste Substantiv, gegenüber 85% bzw. 67% der L2-Sprecher. Dieses deutet zumindest im ersten Beispiel auf eine *first-noun-Strategie* hin, die die Muttersprachler des Deutschen weniger gezielt anwenden.

rieren: Bei einer durch den Kontext favorisierten ersten NP wird diese zu 70% zum Agens gewählt. Einem die zweite NP favorisierenden Kontext folgen 47% der Schüler. Folglich tendieren die Lerner des Deutschen als Zweitsprache dazu, eher einem „prototypischen" Substantiv die Rolle des Agens zuzuweisen und sich aufgrund der Stärke dieser Strategie wenig von zusätzlichen Einflüssen leiten lassen. Die Tatsache, dass sich die DaZ-Lerner zu einem wesentlich geringeren Teil von kontextuellen Hinweisen leiten lassen als die Muttersprachler, widerlegt die Hypothese 2. Entgegen der Erwartung sind sich die Schüler mit Migrationshintergrund der Stärke des Kontext-Cues nicht bewusst. Dieses führt bei manchen Zielsätzen trotz der unterschiedlichen Primes zu quasi identischen Mittelwerten; so wählen die L2-Sprecher in Sätzen mit kanonischer Wortstellung (NVN) und in der AI-Bedingung die erste NP zu 87%, wenn der Kontext auf diese weist, und zu 83%, wenn der Kontext auf die zweite NP weist. Die Schüler mit Migrationshintergrund machen hier also keinen Unterschied. Dafür spielt die Wortstellung hier im Gegensatz zu Experiment 1 eine Rolle. In AA-Sätzen mit kanonischer NVN-Stellung (z.B. *Die Frau erschreckt das Pferd*) und favorisierter erster NP entscheiden sich die L2-Sprecher zu 94% für die erste NP, bei VNN zu 79% und bei NNV zu 78%. Indessen führt bei AI–Sätzen mit favorisierter erster NP die Varianz in der Wortstellung zu keinem Unterschied (87% bei NVN, 81% bei VNN und NNV). Die monolinguale Kontrollgruppe hingegen wählt in dieser Belebtheitsbedingung mit favorisierter erster NP diese zu 97% bei NVN, bei VNN zu 91% und lediglich zu 77% bei NNV. Die Sätze mit IA und N1 fav. hingegen weisen bei beiden Gruppen keine signifikanten Interpretationsdifferenzen auf.

3.3.4.3   Satzverarbeitungsstrategien in Abhängigkeit vom Sprachstand

Aufgrund der Ergebnisse drängt sich die Frage auf, ob die fortgeschrittenen Lerner des Deutschen als Zweitsprache stärker den Kontext als Cue in die Satzverarbeitung integrieren als die, deren C-Test-Ergebnis auf ein geringeres Sprachniveau deutet. Hierfür wurde zunächst eine Varianzanalyse gerechnet, die „C-Test" als zusätzliche unabhängige Variable behandelt (vgl. Anh. 12). Die ANOVA ermittelt für „C-Test" als Haupteffekt einen signifikanten Einfluss auf die Varianz [$F(2, 1073) = 5,096$; $p<$ .01] und der im Anschluss durchgeführte Homogenitätstest nach Tukey ordnet die erste und zweite C-Test-Gruppe einer Untergruppe zu (66 bzw. 69%), die sich in ihrem Mittelwert von der dritten C-Test-Gruppe (76%) unterscheidet. Aufgrund dieses Ergebnisses scheint es sinnvoll, die beiden schwächeren C-Test-Stufen gemeinsam zu behandeln und für die dritte, leistungsstärkste Gruppe eine gesonderte Varianzanalyse zu rechnen, um so Unterschiede in der Integration des Kontext-Faktors aufzudecken. Für die C-Test Gruppen 1 und 2 ermittelt die Varianzanalyse folgende Ergebnisse:

Abhängige Variable: Antwort

Quelle	Quadratsumme vom Typ III	df	Mittel der Quadrate	F	Signifikanz	Partielles Eta²
Korrigiertes Modell	11,636ᵃ	17	,684	3,280	,000	,071
Konstanter Term	341,382	1	341,382	1636,11	,000	,691
WO	1,640	2	,820	3,930	,020	,011
Kontext	**2,826**	**1**	**2,826**	**13,544**	**,000**	**,018**
Belebtheit	4,744	2	2,372	11,367	,000	,030
WO * Kontext	,742	2	,371	1,778	,170	,005
WO * Belebtheit	,502	4	,126	,602	,661	,003
Kontext * Belebtheit	,256	2	,128	,613	,542	,002
WO * Kontext * Belebtheit	,853	4	,213	1,021	,395	,006
Fehler	152,527	731	,209			
Gesamt	506,000	749				
Korrigierte Gesamtvariation	164,163	748				

a. R-Quadrat = ,071 (korrigiertes R-Quadrat = ,049)

Tabelle 8: Einfache Varianzanalyse (C-Test Gruppen 1 und 2)

Der Haupteffekt „Kontext" wirkt stark signifikant [$F(731) = 13,544$; $p<.001$] auf die Satzverarbeitung der Schüler mit Migrationshintergrund ein, erklärt aber nur 1,8% der Varianz. Für die Lerner mit Deutsch als Zweitsprache erweist sich der Belebtheits-Cue als zuverlässiger [$F(731) = 11,367$; $p<.001$], der Eta²-Wert liegt bei .03. Interessanterweise beeinflussen die satzexternen Kontextinformationen die fortgeschrittene C-Test-Gruppe bedeutend stärker. Für diese Schüler weist Eta² einen Erklärungskraft von 10,2% für [$F(1,360) = 40,783$, $p<.001$] auf. Auch wenn sich die Muttersprachler zu einem noch stärkeren Anteil an den Priming-Sätzen orientieren, zeigt das Ergebnis, dass sich die Lerner dieser Gruppe den Strategien der monolingualen Kontrollgruppe annähern. Der Faktor Belebtheit erreicht in der Varianzanalyse nicht das Signifikanzniveau:

Abhängige Variable: Antwort

Quelle	Quadratsumme vom Typ III	df	Mittel der Quadrate	F	Signifikanz	Partielles Eta²
Korrigiertes Modell	10,190ᵃ	17	,599	3,696	,000	,149
Konstanter Term	219,429	1	219,429	1353,08	,000	,790
WO	,587	2	,294	1,811	,165	,010
Kontext	**6,614**	**1**	**6,614**	**40,783**	**,000**	**,102**
Belebtheit	,683	2	,341	2,104	,123	,012
WO * Kontext	,037	2	,019	,114	,892	,001
WO * Belebtheit	1,587	4	,397	2,447	,046	,026
Kontext * Belebtheit	,005	2	,003	,016	,984	,000
WO * Kontext * Belebtheit	,677	4	,169	1,044	,384	,011
Fehler	58,381	360	,162			
Gesamt	288,000	378				
Korrigierte Gesamtvariation	68,571	377				

a. R-Quadrat = ,149 (korrigiertes R-Quadrat = ,108)

Tabelle 9: Einfache Varianzanalyse für die fortgeschrittenen DaZ-Lerner

Somit kann die eingangs aufgestellte Hypothese 4, dass die fortgeschrittenen DaZ-Lerner die gleichen oder zumindest nahezu die gleichen Verarbeitungsstrategien anwenden wie die muttersprachliche Kontrollgruppe, nicht bestätigt werden.[34] Die Auswertung der Daten zeigt aber auch, dass die fortgeschrittenste C-Test-Gruppe in ihrem Verhalten am dichtesten an das der Muttersprachler herankommt, was sowohl der sinkende Einfluss der Belebtheit als auch die steigende Integration der kontextuellen Informationen in die Satzverarbeitung verdeutlichen. Damit unterscheidet sie

---

[34] Auch an dieser Stelle sei an die relativ kleinen Stichproben erinnert; in einer C-Test-Kategorie wurden sieben Versuchspersonen subsumiert. Dennoch weisen die Ergebnisse sehr deutlich darauf hin, dass es keinen direkten Zusammenhang zwischen Sprachstand und Satzverarbeitungsstrategie gibt. Lediglich in Sätzen, in denen die erste NP favorisiert wurde, ermöglichte es die statistische Analyse, zwischen der fortgeschrittensten Gruppe und den anderen beiden Gruppen zu unterscheiden, da erstere die erste NP zu einem größeren Anteil wählt. Hinsichtlich der Interpretation von Stimuli, die auf die rechte NP geprimed waren, lassen sich keinerlei Rückschlüsse auf den Sprachstand ziehen.

sich von den Schülern, deren Sprachstand auf einem niedrigeren Niveau anzuordnen ist. Diese orientieren sich nur zu einem geringen Teil an den unterschiedlichen verfügbaren Cues und bevorzugen stattdessen die Wahl der ersten NP.

3.3.5 Diskussion der Ergebnisse

Bereits in der Vergleichsstudie von Su (2004), welche hier als Referenz dient, orientieren sich die Muttersprachler des Englischen, aber v.a. die des Chinesischen relativ stark am dem Zielsatz vorgeschobenen Kontext. Aufgrund dieser Ergebnisse war für die hier vorliegende Untersuchung davon auszugehen, dass sich die Muttersprachler des Deutschen aufgrund der relativ flexiblen Wortstellung analog zu den Chinesen verhalten. In Bezug auf die Schüler mit L2 Deutsch verleitete sowohl die relativ hohe Sprachkompetenz in der Zweitsprache als auch die flexible Wortstellung der Muttersprache Türkisch zu der Annahme, dass sie den Kontext in die Interpretation der Sätze integrierten. In Anbetracht dieser Voraussetzungen sind die erzielten Ergebnisse umso erstaunlicher, denn es besteht kein Zweifel darüber, dass sich die untersuchten Schüler mit DaZ der besonderen Cue-Stärke des Kontextes nicht bewusst waren und sie die semantischen Rollen eher nach einer „first-noun"-Strategie zuwiesen. Für dieses Verhalten lässt sich eine Vielzahl von Erklärungsansätzen formulieren, die im Folgenden vorgestellt werden. Neben der mangelnden Sensibilisierung der Schüler für die Rolle der kontextuellen Einbettung sind Verständnisprobleme zu nennen und auch das Design kann Aufschluss über das Verhalten der Migrantenkinder bieten.

Als erste und offensichtlichste Begründung für das Quasi-Ignorieren des Gesprächskontexts sei auf die nur geringe Cue-Stärke von Kontext hingewiesen, welche aus einer mangelnden Sensibilisierung seitens der DaZ-Lerner resultiert. Die hier vorliegenden Daten können möglicherweise mithilfe der *Noticing Hypothesis* erklärt werden, welche Schmidt für Fremdsprachenlerner formulierte und deren grundlegende Annahme lautet: „SLA is largely driven by what learners pay attention to and notice in the target language input and what they understand the significance of noticed input to be" (2001: 3f). Dieses würde auch erklären, warum die Sensibilität mit fortschreitendem Sprachniveau zunimmt. Je besser die Kenntnisse über die deutsche Sprache sind, desto genauer können Lerner die Validität eines bestimmten Cues bestimmen und folglich die Cue-Stärke angleichen. Gegen diese Annahme spricht natürlich, dass zumindest in manchen Sätzen der Prime seinen Niederschlag in dem Antwortverhalten der Versuchspersonen fand. Eine weitere Erklärung für die Reaktion der Probanden findet sich im Unified Competition Model von MacWhinney und bezieht sich auf die Leistungen, die dem mentalen Arbeitsspeicher in diesem Experiment abverlangt wurden. Während die Schüler im ersten Experiment die Stimuli anhand von lokalen Cues verarbeiten konnten, was zu einer starken Orientierung an der Kasusmarkierung führte, wurden sie durch das hier vorliegende Design und der damit verbundenen neutralisierten Kasusmarkierung gezwungen, sich von anderen Cues leiten zu lassen. Dadurch erlangte die Wortstellung einen höheren Einfluss auf die Satzinterpretation (dieses ließ sich auch bei den Muttersprachlern beobachten), da Cue-Cost die Stärke des Wortstellungs-Cues nicht mehr verringerte. Während die Muttersprachler sich jedoch aufgrund der nicht vorhandenen grammatischen Hinweise durch Kasusmarkierung und Kongruenz eben auf den Kontext verlassen, um die semantischen Rollen in den Stimuli zuzuweisen, so scheint es, dass der „subject-first"-Cue für die DaZ-Lerner so stark ist, dass er den Kontext unterdrückt. Diese Standardausrichtung für die Interpretation des ersten Nomens als Agens wird von Kempe/MacWhinney (1999: 144) auch als „first-noun bias" bezeichnet. Außerdem handelt es sich bei der kontextuellen Information um einen schwer zu verarbeitenden Cue und dem Competition Model zufolge kann ein informativer Cue weniger als erwartet verwendet werden, „because the processing costs involved in using that cue are high" (Su 2001: 180). Daraus würde resultieren, dass die weniger guten Sprecher des Deutschen als Zweitsprache Schwierigkeiten hatten, die kontextuelle Information zu verarbeiten und zu speichern, was das Unified Competition Model durch die Komponente Storage thematisiert. Bereits im ersten Experiment zeigten die Schüler mit Migrationshintergrund eine Präferenz für lokale und damit leicht zu verarbeitende Cues. Analog zu diesem Verhaltens entschieden sie sich auch in dieser Untersuchung für einen geringen Verarbeitungsaufwand und orientierten sich an der Koalition aus präverbaler Position, Agens und Topik. Vermutlich stellten sie die SVO-Wortstellung nur bedingt in Frage, im Gegensatz zu den Muttersprachlern, denen jeder Stimulus eine Entscheidung zwischen SVO und OVS abverlangte.

In diesem Zusammenhang könnte das Verhalten der DaZ-Lerner auch in der allgemeinen Schwierigkeit begründet liegen, Passivsätze zu verarbeiten, wie es Marinis (2007) in einer Studie für das Englische als Zweitsprache aufzeigen konnte. In einer Kombination aus *picture-verification* und *self-paced listening* erbrachten Kinder mit L1 Türkisch im Alter von 6;9 bis 8;9 eine höhere Verstehensleistung in Aktivsätzen als in Passivsätzen. In dem Experiment hörten die Versuchspersonen einen im Aktiv oder Passiv stehenden Zielsatz (*I think that the zebra was kiss*ing *the camel at the zoo last Monday* vs. *I think that the zebra was kiss*ed *by the camel at the zoo last Monday*) und sahen dazu entweder das passende oder umgekehrte Bild. Für das Verstehen des Satzes wurden Reaktionszeiten gemessen, die Antwort, ob das Bild passt oder nicht, wurde vom Experimentleiter gesondert als eine Art „off-line accuracy measure of comprehension" (Marinis 2007: 270) notiert. Kinder mit L2 Englisch zeigten längere Reaktionszeiten bei der Verarbeitung, allerdings keine qualitativen Unterschiede im Vergleich zu den Muttersprachlern. Dieses wurde von dem Autor als Indiz dafür interpretiert, dass beide Versuchsgruppen den Gebrauch von morphologischen Cues beherrschen. Die Offline-Werte hingegen divergieren: Die Kinder mit Migrationshintergrund schnitten in den Passiv-Sätzen deutlich schlechter ab als die Muttersprachler. Dieses Problem könnte also auch hier der Grund für das Ablehnen der ersten NP als Patiens sein. Auch mag es sein, dass Verständnisschwierigkeiten die Ursache für das Ignorieren des Kontext-Cues sind und die Lerner daher gemäß Hypothese 4 eher auf eine „first-noun"-Strategie zurückwichen. Vielleicht blockierte das Hören unbekannter Vokabeln die Schüler mit Deutsch als Zweitsprache beim weiteren Zuhören. Es wäre weiterhin denkbar, dass der mentale Arbeitsspeicher noch mit der unbekannten lexikalischen Information beschäftigt war und daher keine Kapazitäten mehr hatte, den Kontext-Cue in die Satzverarbeitung zu integrieren, zumal dieser dann nur teilweise verstanden wurde. Daher wählten die Lerner eher eine „sichere" Verarbeitungsstrategie und entschieden sich für die erste NP, zumal ja die Stimuli relativ schnell aufeinander folgten und es keine Möglichkeit der Nachfrage gab.

Neben diesen direkt aus der Zweisprachigkeit resultierenden Erklärungsansätzen lassen sich einige Verhaltensweisen der Versuchspersonen direkt auf das Forschungsdesign zurückführen, weshalb im folgenden auf die Problematik der Testsätze eingegangen werden soll. Die Testitems für dieses Experiment wurden so konstruiert, dass Substantive zunächst in ihrer Belebtheit manipuliert und dann mit einer Vielzahl von Verben kombiniert wurden. Darin sieht Sasaki (1997) das Problem, dass die unterschiedlichen Stimuli bei der quantitativen Datenanalyse zusammengefügt werden, was seiner Meinung nach zu einer Verzerrung der Datenlage führt. Es sei schließlich möglich, dass ein nicht-belebtes Substantiv einen Satz in Kombination mit einem bestimmten Verb weniger akzeptabel macht als mit einem anderen. In diesem Zusammenhang spricht der Autor (vgl. 1997: 67f) von verschiedenen Aktionsarten, die aus der Semantik eines bestimmten Verbs resultieren. Als Beispiele gibt er an, dass Handlungsverben wie *hit, bite* oder *eat* bzw. deren japanische Übersetzungen Transitivität eher ausdrücken können als Verben der Wahrnehmung (z.B. *see, hear, smell*). Die Ergebnisse zeigten auf, dass ein stärkerer Einfluss der Belebtheit auf die Satzinterpretation zu beobachten ist, wenn das Verb *see*, also ein nicht typisch transitives Verb, verwendet wurde als bei *eat* (bzw. der jeweiligen japanischen Übersetzung). In eine ähnliche Richtung gehen auch die Hinweise von Fisher/Song (2006: 396), die in ihrem Aufsatz auf die Semantik von einzelnen Substantiven eingehen. Ihrer Ansicht nach spielt diese bei der Interpretation semantischer Relationen eine entscheidende Rolle: „The syntactic prominence of subjects corresponds to an abstract semantic or conceptual prominence." Hörer eines transitiven Satzes interpretieren demnach Satzstrukturen, indem sie die konzeptuell-semantische Bedeutung der Argumente dekodieren. Es gibt Ereignisse, in denen die Agenszuweisung für ein Argument nahe liegender erscheint als für ein anderes. Diese „proto-agency" (vgl. Dowty 1991) resultiert aus den Eigenschaften einer bestimmten NP: Sie ist mobiler, salienter, aktiv oder ergibt sich aus einem bestimmten kausalen Zusammenhang. Wenn ein Subjekt klar gegeben ist, sollte sich dies durch die konzeptuell-semantische Relation für den Hörer ergeben, in der das Subjekt das hervorstechende ist. Die sich ergebende „subject-object asymmetry" (Fischer/Song 2006: 397) ist anscheinend relativ schwierig zu beheben. Gleitman et al. (1996) führten eine Studie durch, in der versucht wurde, eine symmetrische Relation zwischen den Argumenten zu erzeugen. In ihren Stimuli passten entweder zwei Objekte ineinander oder zwei Menschen trafen aufeinander:

(1)   a. The button matches the dress.

          b. The dress matches the button.

(2)   a. My sister met Meryl Streep.

          b. Meryl Streep met my sister.

Jedoch zeigen die Ergebnisse der Studie, dass die englischen erwachsenen Muttersprachler eher die Version a. auswählen, in denen der Referent des Subjekts kleiner, beweglicher oder weniger berühmt ist als der Objekt-Referent, und die Situation so natürlicher erscheint. Die Rolle des Subjekts wird somit demjenigen Argument zugewiesen, welches von seinen Eigenschaften her als dynamischer, austauschbarer oder plausibler erscheint. Ohne kontextuelle Einbettung erweist es sich als wahrscheinlicher, dass ein Knopf eher zu einem Kleid passt als umgekehrt, und normale Bürger versuchen eher Filmstars zu treffen, als umgekehrt. Dennoch wäre eine Umkehrung möglich und auch interpretierbar. Diese „default interpretation" (Fischer/Song 2006: 396) scheint auch in dem hier vorliegenden Experiment trotz kontextuellen Primings zum Tragen zu kommen. In manchen Stimuli wählt sowohl die Gruppe der Schüler mit Migrationshintergrund als auch die monolinguale Kontrollgruppe eher das hervorstechende Argument in einer bestimmten konzeptuellsemantischen Struktur, wie dies bei *Die Katze attackiert die Maus* der Fall ist: „They assigned a prominence-based default meaning to the role of subject in transitive sentences." (Fischer/Song 2006: 413). Jedoch ist es in Hinblick auf die hier vorliegenden Ergebnisse schwierig zu sagen, welche der Ergebnisse aufgrund von Kontext, Verbsemantik, Belebtheit bzw. einer bestimmten Konnotation eines oder beider Substantive beeinflusst wurden.

Um Evidenz für Einflüsse aus der Semantik auf die Satzverarbeitung zu geben, wurden die Mittelwerte für die Wahl der linken NP für die jeweiligen Stimuli erneut betrachtet und hinsichtlich der einzelnen Verben bzw. Belebtheitsfaktorstufen aufgeschlüsselt. Auf diese Weise können die Zusammenhänge von neun Verben und den dazugehörigen Substantiven gezeigt werden. Zunächst wurde geprüft, ob die Wahl des Verbs einen Einfluss auf die Satzinterpretation hat. Für die Interaktion mit AA wurden die Verben *attackieren, erschrecken* und *beißen* gewählt, die gemäß der Einteilung von Sasaki alle der gleichen Aktionsart angehören. Für *attackieren* lag der

Mittelwert bei 94% (DaM)/87% (DaZ) für N1 fav. bzw. bei 46%/64% für N2 fav., für *beißen* bei 83%/84% für N1 fav. bzw. 54%/78% für N2 fav. sowie bei *erschrecken* zu 84%/79% für N1 fav. bzw. 19%/49% bei N2 fav. Diese deskriptiven Werte weisen sowohl für die DaZ-Lerner als auch für die monolinguale Kontrollgruppe relativ homogene Werte für N1 fav. auf. Unterschiede zwischen den einzelnen Verben ergeben sich innerhalb der Stimuli, die die zweite NP favorisierten. Hier zeigt sich, dass das Primen der Muttersprachler mit dem Verb *erschrecken* besser gelingt als mit den andern beiden Verben. Es ergeben sich die folgenden Mittelwerte: Bei NVN 4% (DaM)/52% (DaZ), bei NNV 39%/62% sowie bei VNN 13%/33%. Allerdings ist es fraglich, ob diese Variation direkt auf das Verb zurückzuführen ist, da die Mittelwerte der einzelnen Sätze so stark divergieren, dass dieses eigentlich nicht der Fall sein kann. Besonders auffällig ist das „gelungene" Primen der Kontrollgruppe bei dem Satz *Die Frau erschreckt das Pferd.* Dieses ist jedoch mit hoher Wahrscheinlichkeit weniger auf das Verb alleine als vielmehr auf die Kombination aus Verb*Substantiv zurückzuführen. Im Vergleich zu den anderen Sätzen unterscheidet sich der Stimulus dahingehend, dass er zwei sehr unterschiedliche Substantive verbindet, die semantisch gesehen nicht verwechselt und somit leicht gespeichert werden können. Dieses trifft jedoch nicht auf die Lerner des Deutschen als Zweitsprache zu, sie weisen die thematischen Rollen in diesem Satz eher zufällig zu. Dieses könnte einerseits auf eine geringere Auffassungskraft des mentalen Arbeitsspeichers zurückzuführen sein, wie es das Unified Competition Model annimmt, andererseits ist es aber auch möglich, dass der Prime ein lexikalisches Problem birgt: Vielleicht kannten die Versuchspersonen die Bedeutung des Wortes *Weide* nicht. Diese Unsicherheit könnte dazu geführt haben, dass die weitere kontextuelle Einbettung nicht mehr wahrgenommen wurde und somit nicht direkt in die Satzverarbeitung integriert werden konnte. Neben diesem Satz erweist sich der Stimulus *Erschreckt das Kaninchen das Meerschweinchen* sowohl für die Muttersprachler als auch für die DaZ-Lerner in der N1 fav.-Bedingung als schwierig. Der Prime lautete wie folgt: *Ein Meerschweinchen und ein Kaninchen spielen im Stall. Das Kaninchen versteckt sich hinter dem Haus. Das Meerschweinchen sieht das Kaninchen nicht.* Das abweichende Verhalten der Versuchspersonen mag darauf zurückzuführen sein, dass der Kontext nicht eindeutig genug war, zum anderen könnte es auch daran liegen, dass *Kaninchen* und *Meerschweinchen* in diesem Zusammenhang semantisch so ähnlich beieinander liegen, dass es für die Probanden schwierig war, die Tiere auseinander zu halten und damit die Handlung zu verarbeiten. Diese kurzzeitige Überlastung des Arbeitsspeichers würde das zufällige Antwortverhalten der Muttersprachler erklären. Bei den DaZ-Lernern fällt die Entscheidung in diesem Beispiel zwar deutlich auf die erste NP, wie es auch intendiert war, jedoch ist es auch möglich, dass dieses nicht nur auf den Kontext, sondern auch auf die „first noun"-Strategie zurückzuführen ist. Auch in den AI-Bedingungen ist die Variation im Antwortverhalten der Versuchspersonen vermutlich nicht alleine auf die drei Verben *halten, bewegen* und *schlagen* zurückzuführen. Bei letzteren wählen sowohl die DaZ-Lerner als auch die monolinguale Kontrollgruppe die erste NP weniger häufig, wenn diese geprimed war als bei den anderen beiden Verben. Eine Erklärung für das Antwortverhalten der Schüler mit Migrationshintergrund für den Stimulus *Die Schwimmerin schlägt das Schiff* mag sein, dass das Verb hier im Sinne von „besiegen" verwendet wurde und ihnen diese Bedeutung weniger geläufig ist. Bei der Favorisierung der zweiten NP wählten die L2-Sprecher die erste NP sogar zu einem größeren Anteil als bei N1 fav. Dass dieses nicht am Prime liegt, zeigt sich daran, dass die Muttersprachler auf die kontextuelle Einbettung reagieren und bei N1 fav. diesem zu 96% folgen, bei N2 fav. liegt der Wert für die erste NP bei eindeutigen 22%. Somit könnten Verständnisprobleme hier der Grund für das starke Abweichen von der Reaktion der Kontrollgruppe sein.

Die Weiteren erwartungswidrigen Ergebnisse sind mit hoher Wahrscheinlichkeit auf die nicht ausreichend starken Kontexte zurückzuführen. Besonders auffällig ist das Antwortverhalten der Kontrollgruppe bei dem die zweite NP favorisierenden Stimulus *Eine Artistin arbeitet in einem Zirkus. Sie sitzt auf einem Trapez und das Trapez schwingt sie hin und her. Die Artistin bewegt das Trapez.* Hier wählten 70% die erste NP zum Agens des Zielsatzes. Für die Schüler mit L1 könnte einerseits das Weltwissen die Entscheidung beeinflusst haben, andererseits könnte die schwer zu entschlüsselnde Passivkonstruktion der kontextuellen Einbettung der Auslöser dafür gewesen sein, dass das Primen keine Auswirkungen zeigte. Die DaZ-Lerner wählen in beiden Bedingungen die erste NP zu 90 bzw. 95%. Auch in den IA-Bedingungen kann die Variation nicht alleine durch die Verbsemantik erklärt werden. Für die Muttersprachler zeigt sich bei *ziehen* ein geringerer Wert für die Wahl der ersten NP als bei *tragen* und *fangen*, diese Variation lässt sich allerdings auf die Verarbeitung des

Stimulus *Ein Bauer bindet ein junges Pferd hinten an eine Kutsche. Der Bauer fährt los, doch das Pferd hat keine Lust, hinterher zu laufen. Es versucht, stehen zu bleiben. Zieht die Kutsche das Pferd* zurückführen. Hier kollidiert mit großer Wahrscheinlichkeit das Weltwissen der Probanden mit dem einbettenden Kontext. Die semantische Verbindung der Substantive *Kutsche* und *Pferd* ist wahrscheinlich so gefestigt, dass es für die Versuchspersonen nur schwer möglich war, dieses vorgefertigte Wissen zu modifizieren und die Kutsche als Handlungsträger zu akzeptieren. Die Wahl der zweiten NP (4%) in dem auch hierfür ausgelegten Kontext zeigt deutlich, dass dieses die leichter zu akzeptierende Variante ist. Für die DaZ-Lerner erwiesen sich die Sätze *Die Hängematte trägt das Mädchen* und *Trägt die Luftmatratze das Kind* als schwierig. In beiden kontextuellen Bedingungen wiesen die Probanden der ersten und damit nicht-belebten NP die Rolle des Handelnden zu mehr als 70% zu. Da sich die Muttersprachler am Kontext orientierten, ist auszuschließen, dass die Primes nicht stark genug waren. Für die Lerner des Deutschen als Zweitsprache könnte es zum einen sein, dass sie eine „first noun"-Strategie anwenden, weil sie die Wörter *Hängematte* und *Luftmatratze* nicht kennen. Des Weiteren ist es auch möglich, dass die Schüler in dem Stimulus *Es ist schönes Wetter. Ein Mädchen nimmt seine Hängematte und will diese draußen aufhängen gehen* das Pronomen „diese" nicht richtig zuordnen konnten. Als Erklärung für das Verhalten der DaZ-Sprecher in dem Stimulus *Es ist schönes Wetter. Ein Kind sitzt am See. Dann will das Kind baden gehen. Es nimmt seine Luftmatratze und geht zum Wasser. Trägt die Luftmatratze das Kind* kann die Schwierigkeit, Pronomen zuzuordnen, nicht gelten. Stattdessen könnte es sein, dass die Schüler mit Migrationshintergrund das Szenario „weitergedacht" haben und damit eine „und dann"-Kausalität erzeugten. Dieses würde bedeuten, dass das Kind mit der Luftmatratze zum Wasser geht und diese es danach trägt.

Welcher dieser multiplen Erklärungsansätze letzten Endes am wahrscheinlichsten ist, bleibt jedoch offen.[35] Jedoch wurde deutlich, dass Satzverarbeitung ein mentaler

---

[35] Genau dieses kritisieren Gass/Selinker (vgl. 2001: 197) an der Dateninterpretation von CM-gestützten Studien. Die Autoren diskutieren, ob es überhaupt möglich ist, von einer „processing uniqueness" auszugehen und werfen die Frage auf, woher man wissen kann, dass eine bestimmte Interpretation nur auf einem bestimmten Verarbeitungsprozess beruht. Hierfür geben sie das folgende Beispiel: Wenn Versuchspersonen in einem Experiment das Agens im Satz *The pencil sees the boys* identifizieren sollen und sie *the boys* wählen, dann ist nach Meinung der beiden Autoren offen, ob dieses geschieht, weil die Strategie der Probanden „select the animate noun" oder „choose

Prozess ist, der eine Vielzahl von Aktivitäten beinhaltet, woraus die Schwierigkeit resultiert, menschliches Verhalten mit Gewissheit auf eine bestimmte Erklärung zurückzuführen. Gleichzeitig unterstreichen die vorliegenden Variationen zwischen den einzelnen Stimuli die Wichtigkeit, Primes und Targets einheitlich zu konstruieren. Dieses ist hier nur teilweise geschehen, was einige der beschriebenen ungewollten „Nebeneffekte" nach sich zog. Problematisch ist zudem die Tatsache, dass die Versuchspersonen beide Kontextversionen hörten. Dieses sollte in einem Folgeexperiment vermieden werden. Auf diese Weise würde sich die Anzahl der Stimuli reduzieren, was gleichzeitig das Hinzufügen von Distraktoren ermöglichen würde. Des Weiteren wäre es vonnöten gewesen, bei den Schülern mit Migrationshintergrund zu testen, ob sie die verwendeten Wörter kennen. Auf diese Weise hätte eine Störvariable ausgeschaltet werden können. Auch müsste in einem weiteren Experiment die Plausibilität der Sätze kontrolliert werden, was in der hier vorliegenden Studie nicht geschehen ist.

---

anything but the inanimate noun" ist. Auch das hier durchgeführte Experiment lässt derartige Fragen ungeklärt und kann lediglich Hypothesen aufstellen.

4. ZUSAMMENFASSUNG UND SCHLUSSBETRACHTUNG

Vorhergehende Studien zum CM zeigten auf, dass selbst hochkompetente Sprecher einer Fremdsprache deren sprachspezifische Cues selten wie Muttersprachler verwenden. Diese Tendenz konnte die vorliegende Erhebung auch für fortgeschrittene Sprecher des Deutschen als Zweitsprache bestätigen, trotz der Tatsache, dass hier Lerner einer L2 untersucht wurden, die in Bezug auf die Möglichkeiten der Satzverarbeitung topologisch gesehen nur gering vom L1-Hintergrund abweichen. Bereits für die Verarbeitung kurzer transitiver Sätze ermittelten die zwei durchgeführten Offline-Experimente interessante Unterschiede in den Interpretationsstrategien von Schülern mit Migrationshintergrund im Vergleich zu einer monolingualen Kontrollgruppe, was das Potential dieser Forschungsrichtung unterstreicht. Wider Erwarten maßen die L2-Lerner der Kasusmarkierung in der ersten Studie eine hohe Bedeutung bei. Auch wenn es generell nicht möglich ist, von Experimenten direkt auf den natürlichen Sprachgebrauch zu schließen, so wird doch deutlich, dass die Versuchspersonen mit DaZ rezeptiv keine Schwierigkeiten haben, die Kasusmarker im Nominativ und Akkusativ zu identifizieren. Dieses ist insofern von Interesse, da das deutsche Kasussystem als ein sehr schwieriger Erwerbsgegenstand für Nicht-Muttersprachler gilt, wenn nicht gar als der schwerste Bereich der Zielsprache (vgl. Ritterbusch et al. 2006). Jedoch scheint dieser Befund bei den hier untersuchten Schülern mit Migrationshintergrund nur für den produktiven Sprachgebrauch zu gelten, wie nicht zuletzt der C-Test ermitteln konnte. Aufschlussreich wären hier sicherlich eine Wiederholung der Studie in einem Online-Verfahren sowie ein ergänzendes Experiment, welches die Artikel im Akkusativ und Dativ denen im Nominativ gegenüberstellt. Letzteres könnte ermitteln, ob die Schwierigkeit für Lerner weniger in der Flexion als solcher liegt, sondern vielmehr darin, zwischen direkten und indirekten Objekten zu unterscheiden. Das zweite Experiment wies nach, dass sich die Lerner der Cue-Stärke von Kontext nicht bewusst sind, und damit der Tatsache, dass ein bestimmter Kontext einem transitiven Satz mit neutralisierter Kasusmarkierung eine passive Lesart zuweisen kann. Auch dieser möglichen mangelnden Sensibilisierung müsste in einem Online-Verfahren weiter nachgegangen werden. In Analogie zu Marinis (2007) könnte ein derartiges Design für die DaZ-Sprecher zunächst feststellen, ob Passivkonstruktionen überhaupt als solche erkannt werden. Langsamere Reaktionszeiten für Sätze mit favorisierter zweiter NP als mit favorisierter erster NP bedeuteten, dass die Lerner zwar die unterschiedliche kontextuelle Einbettung verstünden, sich aber der Wichtigkeit der vorhergehenden Informationen für die Zuweisung thematischer Rollen nicht bewusst wären. Interessant wäre es dann, zu überprüfen, ob auch in Leseexperimenten der Kontext ausgeblendet wird, denn so könnte ausgeschlossen werden, dass die Schwierigkeit aus der akustischen Präsentation der Stimuli resultiert.

Aus didaktischer Sicht implizieren die Ergebnisse aus Experiment 2, dass neben dem Fördern von Sprachproduktionskompetenzen, wie es vornehmlich im schulischen Kontext geschieht, auch die Sprachrezeption unterstützt werden müsste, da diese beiden Bereiche sprachlichen Handelns direkt miteinander verbunden sind. Das Verhalten der L2-Lerner in Experiment 2 ermittelte durch die Missachtung eines Cues ein sprachliches Problem auf der Mikroebene, welche sich definitiv negativ auf der Makroebene auswirkt, sprich auf das globale Satzverstehen. Hier müsste eine gezielte Förderung eintreten, um den L2-Lernern zu verdeutlichen, dass bei neutralisierter Kasusmarkierung zwei potentielle Verstehensweisen miteinander wetteifern und sie entschlüsselnde Informationen aus dem Gesamtzusammenhang ziehen müssen. Auf diese Weise könnten die Sprecher die Validität des Kontext-Cues erkennen und dessen Stärke angleichen. Mit Sicherheit wird jedoch die Unkenntnis über das globale Verstehen von Sprache nicht das einzige Defizit sein, welches mithilfe der Methoden der Satzverarbeitung genauer analysiert werden kann. Zu erwarten sind m.E. Probleme im Verstehen von syntaktischen Bezügen, wie sie beispielsweise durch Demonstrativpronomen oder Attribute hergestellt werden. Hierbei handelt es sich jedoch um Fertigkeiten, die Sprecher des Deutschen unbedingt beherrschen müssen, um hypotaktische Konstruktionen regelgetreu zu interpretieren, und daher einer Förderung bedürfen.

In Bezug auf den schulischen Unterricht sei auch an dieser Stelle auf die Ergebnisse einer Studie von Penner (1998) verwiesen, gemäß derer sich Verstehensdefizite von Lernern des Deutschen als Zweitsprache „aus Erwerbsdefiziten im Bereich der Nominalphrase ergeben" (vgl. ebd: 241). Anhand von mathematischen Textaufgaben ermittelte er geringe Verstehensleistungen bei Kindern mit Migrationshintergrund einerseits im Bereich der referentiellen vs. generischen Lesart von Nomina, andererseits bei der semantischen Bedeutung der Quantoren *jene* und *alle*, welche je nach Kontext distributiv oder non-distributiv zu deuten sind. Für derartig spezifische Zweitspracherwerbsdefizite erweisen sich die psycholinguistischen Methoden der Satzverarbeitungsforschung, wie in der vorliegenden Untersuchung angewandt, als eine sinnvolle Ergänzung zu den bekannten produktiven Forschungsweisen aus Sprachwissenschaft und Didaktik, dieses v.a hinsichtlich ihres Potentials, Probleme zu lokalisieren. Aufgrund dieser Tatsache ist es, wie bereits eingangs unterstrichen, umso verwunderlicher, dass die Forschung zum Zweitspracherwerb diesem Bereich der Psycholinguistik bis dato keinerlei Bedeutung eingeräumt hat (im Gegensatz zur Fremdsprachendidaktik, die in VanPattens Input Hypothesis einen geeigneten theoretischen Rahmen gefunden hat, um beispielsweise die Ergebnisse von Jackson (1997, im Druck a, b) an die Unterrichtspraxis zu binden. Ob Lerner einer Zweitsprache überhaupt eine „muttersprachliche" Kompetenz in der Satzverarbeitung erreichen können, bleibt ungewiss. Genauso wenig ist es aber geklärt, ob dies überhaupt das angestrebte Ziel sein sollte: „Instead of adopting a native speaker norm per se, a more appropriate goal for L2 learners may be to develop a set of strategies with which they can effectively process L2 input" (Jackson 2007: 420). Folglich sollte das Ziel weiterer Forschung zur Satzverarbeitung sein, spezifische Verarbeitungsschwierigkeiten auch von Lernern einer Zweitsprache aufzudecken, um auf diesen Ergebnissen aufbauend Förderansätze zu formulieren und Strategien zu vermitteln.

5. LITERATURVERZEICHNIS

Abney, Steven P. (1989): A computational model of human parsing. *Journal of Psycholinguistic Research 18*, 129-144.

Altmann, G./Steedman, M. (1988): Interaction with context during human sentence processing. *Cognition 30*, 191-238.

Auernheimer, G. (Ed.) (2006): *Schieflagen im Bildungssystem.* Die Benachteiligung der Migrantenkinder. VS Verlag.

Barlow, M./Kemmer, S. (Eds.) (2000): *Usage-Based Models of Language.* Stanford, CA: Stanford UP.

Bartke, S./Siegmueller, J. (Eds.) (2004): *Williams Syndrome across Languages.* Amsterdam: Benjamins. 221-244.

Bates, E./Devescovi, N./D'Amico, S. (1999): Processing complex sentences: A crosslinguistic study. *Language and cognitive processes 14*, 69-123.

Bates, E./MacWhinney, B. (1981): Second language acquisition from a functionalist perspective: Pragmatic, semantic and perceptual strategies. In: Winitz, H. (Ed.): 190-214.

Bates, E./MacWhinney, B. (1987): Competition, variation, and language learning. In: MacWhinney, B. (Ed.): *Mechanisms of language acquisition.* NJ: Erlbaum. 157-193.

Bates, E./MacWhinney, B. (1989): Functionalism and the Competition Model. In: ders. (Eds.): 3-73.

Bates, E./MacWhinney, B./Caseli, C./Devescovi, A./Natale, F./Venza, V. (1984): A crosslinguistic study of the development of sentence interpretation strategies. *Child development 55*, 341-354.

Bates, E./McNew, S./MacWhinney, B./Devescovi, A./Smith, S. (1982): Functional constraints on sentence processing: A cross-linguistic study. *Cognition 11*, 245-299.

Batman-Ratyosyan, N./Stromswold, K. (1999): What Turkish acquisition tells us about underlying word order and scrambling. *Proceedings of the 23rd Annual University of Pennsylvania Linguistics Conference 6,* 37-52.

Baur, R.S./Meder, G. (1994): C-Tests zur Ermittlung der globalen Sprachfähigkeit im Deutschen und in der Muttersprache bei ausländischen Schülern in der Bundesrepublik Deutschland. In Grotjahn, R. (Ed.): 151-178.

Belke, G. (1999): *Mehrsprachigkeit im Deutschunterricht.* Sprachspiele–Spracherwerb – Sprachvermittlung. Baltmannsweiler: Schneider Verlag.

Bialystok, E. (1990): The competence of processing: classifying theories of second language acquisition. *TESOL quarterly 24,* 635-648.

Birdsong, D. (Ed.) (1999): Second language acquisition and the critical period hypothesis. NJ: Erlbaum.

Boland, J.E./Tanenhaus, M.K./Garnsey, S.M. (1990): Evidence for the immediate use of verb control information in sentence processing. *Journal of Memory and Language 29,* 413-432.

Bornkessel, I./Schlesewsky, M./Friederici, A. (2002): Grammar overrides frequency: Evidence from the online processing of flexible word order. *Cognition 85 (2),* 21-30.

Chomsky, N. (1975): *Reflexionen über die Sprache.* Frankfurt: Suhrkamp.

Clahsen, H./Felser, C. (2006): Grammatical processing in language learners. *Applied Psycholinguistics 27,* 3-42.

Clahsen, H./Ring, M./Temple, C. (2004): Lexical and morphological skills in English-speaking children with Williams Syndrome. In: Bartke, S./Siegmueller, J. (Eds.): 221-244.

Clifton, C./Frazier, L./Rayner, K. (Eds.) (1994): *Perspectives on sentence processing.* Hillsdale, NJ: Erlbaum.

Cook, V. J/Iarossi, E./Stellakis, N./Tokumaru, Y. (2003): Effects of the L2 on syntactic processing in the L1. In: Cook, V.J. (Ed.):168-213.

Cook, V.J. (Ed.) (2003): *Effects of the second language on the first.* Clevedon: Multilingual Matters.

Corrigan, R. (1988): Who dun it? The influence of actor-patient animacy and type of verb in the making of causal attributions. *Journal of Memory and Language 27,* 447-465.

Crain, S./Steedman, M. (1985): On not being led up the garden path: The use of context by the psychological syntax processor. In: Dowty, D./Kartunnen, L./Zwicky, A. M. (Eds.): 320-354.

Crocker, M.W. (1994): On the nature of the principle-based sentence processor. In: Clifton, C. Jr./Frazier, L./Rayner, K. (Eds.): 245-66.

Croft, W. (2001): *Radical Construction Grammar.* Oxford: Oxford UP.

Devescovi, A./D'Amico, S./Smith, S./Mimica, I./Bates, E. (1998): The development of sentence comprehension in Italian and Serbo-Croatia: Local versus distributed cues. In: Hillert, D. (Ed.): 345-377.

Dittmar, M./Abbot-Smith, K./Lieven, E./Tomasello, M. (2008): German children's comprehension of word order and case marking in causative sentences. *Child Development 79(4),* 1152-1167.

Dowty, D. (1991): Thematic proto-roles and argument selection. *Language 67.* 547-619.

Dowty, D./Kartunnen, L./Zwicky, A.M. (Eds.) (1985): Natural language parsing: Psychological, computational, and theoretical perspectives. Cambridge: Cambridge UP.

Ellis, N. (1998): Emergentism, connectionism and language learning. *Language learning 48,* 631-664.

Elsner, D. (2007): *Hörverstehen im Englischunterricht der Grundschule. Ein Leistungsvergleich zwischen Kindern mit deutscher Muttersprache und Deutsch als Zweitsprache..* Frankfurt a. M.: Peter Lang, Reihe KFU.

Erguvanlı, E.E. (1984): *The Function of Word Order in Turkish Grammar* (=University of California Publications in Linguistics 106). Berkeley: University of California Press.

Felser, C./Roberts, L./Marinis, T./Gross, R. (2003): The processing of ambiguous sentences by first and second language learners of English. *Applied Psycholinguistics 24*, 453-489.

Fisher, C./Song, H. (2006): Who's the Subject? Sentence structure and Verb meaning. In: Hirsh-Pasek, K./Golinkoff, R. (Eds.): 392-429.

Frazier, L./Fodor, J.D. (1978): The sausage machine: A new two-stage parsing model. *Cognition, 6*, 1-34.

Frenck-Mestre, C. (2005): Ambiguities and anomalies: What can eye movements and event-related potentials reveal about second language processing? In: Kroll, J./De Groot, A.B.M. (Eds.): 268-281.

Gass, S.M./Mackey, A. (2007): Data Elicitation for Second and Foreign Language Research. NJ: Erlbaum.

Gass, S.M./Selinker, L. (2001): Second Language Acquisition: An Introductory Course. 2nd Ed. NJ: Erlbaum.

Gernsbacher, M. (Ed.) (1994): *Handbook of psycholinguistics*. San Diego: Academic press.

Gibson, E. (1992): On the adequacy of the Competition Model. *Language 68*, 812-830.

Gibson, E./Fedorenko, E./Ishizuka, T. (einger.): Processing relative clauses in supportive contexts. Erscheint in: *Cognitive Science*.

Gibson, E./Pearlmutter, N.J. (1994): A corpus-based analysis of psycholinguistic constraints on prepositional-phrase attachment. In: Clifton, C./Frazier, L./Rayner, K. (Eds.): 181-198.

Gibson, E./Pearlmutter, N.J. (1998): Constraints on sentence comprehension. *Trends in Cognitive Sciences, 2*, 262-268.

Gibson, E./Wu, H.-H. (2010): Processing Chinese Relative Clauses in Context. Manuskript online unter: http://tedlab.mit.edu/tedlab_website/researchpapers/Gibson%20&%20Wu%20subm%20Feb%202010.pdf. (Zugriff: 30.03.2010)

Gieseking, K. (2000): *Frequenzbasiertes Parsing als Modell menschlicher Syntaxanalyse*. Diss. Universität Trier. Online unter: http://deposit.ddb.de/cgi-bin/dokserv?idn=961123885. (Zugriff: 26.07.2008).

Gleason, J./Ratner, N. (Eds.) (1998): *Psycholinguistics*. Fort Worth: Harcourt Brace College.

Gogolin, I. (2008): *Förderung von Kindern und Jugendlichen mit Migrationshintergrund* - ein länderübergreifendes Programm zur Optimierung der Sprachbildung. In: Gesellschaft, Wirtschaft, Politik, Jg. 57, H. 1, 65 - 75.

Goldberg, A. E. (1995): Constructions: A construction Grammar Approach to Argument Structure. Chicago: CSLI.

Grodner D.J./Gibson, E. (2005): Consequences of the Serial Nature of Linguistic Input for Sentenial Complexity. *Cognitive Science 29, 261–291.*

Grotjahn, R. (Ed.): *Der C-Test*. Theoretische Grundlagen und praktische Anwendungen, Bd. 2. Bochum: Brockmeyer.

Haberlandt, K. (1997): *Cognitive Psychology*. Needham, MA: Allyn & Bacon.

Hakuta, K. (1982): Interaction between particles and word order in the comprehension and production of simple sentences in Japanese Children. *Developmental Psychology 18*, 62-76.

Harrington, M. (2001): Sentence processing. In: Robinson, P. (Ed.): 91-124.

Harris, R. J. (1992) (Ed.): *Cognitive Processing in Bilinguals*. Amsterdam: Elsevier.

Hillert, D. (Ed.) (1998): Syntax and semantics: a crosslinguistic perspective. Vol 31. San Diego: Academic Press.

Hirsh-Pasek, K./Golinkoff, R. (Eds.) (2006): *Action meets word: How children learn verbs*. New York: Oxford UP.

Holmes, V.M. (1984): Parsing strategies and discourse context. *Journal of Psycholinguistic Research 13*, 237–257.

Jackson, C.N. (2007): The Use and Non-Use of Semantic Information, Word Order, and Case Markings during Comprehension by L2 Learners of German. *The Modern Language Journal 91*, 418-432.

Jackson, C.N. (2008a): Processing strategies and the comprehension of sentence-level input by L2 learners of German. *System 36*. 388-406.

Jackson, C.N. (2008b): Proficiency level and the interaction of lexical and morphosyntactic information during L2 sentence processing. *Language Learning 58(4)*. 875-909.

Jackson, C.N./Dussias, P.E. (2009): Cross-linguistic differences and their impact on L2 sentence processing. *Bilingualism: Language and Cognition, 12(1)*. 65-82.

Kail, M. (1989): Cues validity, cue cost, and processing types in French sentence comprehension. In: MacWhinney, B./Bates, E. (Eds.): 77-117.

Kail, M./Charvillat, A. (1988): Local and topological processing in sentence comprehension by French and Spanish children. *Journal of Child Language 15,* 637-662.

Kempe, V./MacWhinney, B. (1998): The acquisition of case marking by adult learners of Russian and German. *Studies in Second Language Acquisition 20*, 543-587.

Kempe, V./MacWhinney, B. (1999): Processing of morphological and semantic cues in Russian and German. *Language and Cognitive Processes 14,* 129-171.

Kilborn, K. (1989): Sentence processing in a second language: The timing of transfer. *Language and Speech 32,* 1–23.

Krashen, S. (1985): The Input Hypothesis: Issues and Implications. London: Longman.

Langacker, R.W. (2000): A Dynamic Usage-Based Model. In: Barlow, M./Kemmer, S.(Eds.): 1-60.

Li, P./Bates, E./Liu, H./MacWhinney, B. (1993): Processing a language without inflections: A reaction time study of sentence interpretation in Chinese. *Journal of Memory and Language 32*, 169–192.

Lindner, K. (2003): The development of sentence-interpretation strategies in monolingual German-learning children with and without specific language impairment. *Linguistics 41*, 213 – 254.

Liu, H./Bates, E./Li, P. (1992): Sentence interpretation in bilingual speakers of English and Chinese. *Applied Psycholinguistics 13*, 451–484.

LoCoco, V. (1987): Learner comprehension of oral and written sentences in German and Spanish: The importance of word order. In: VanPatten, B./Dvorak, T./Lee, J. (Eds.) 119-129.

MacDonald, M.C. (Ed.) (1997): *Lexical representations and sentence processing*. Hove: Psychology Press.

MacDonald, M.C./Pearlmutter, N.J./Seidenberg, M.S. (1994): Syntactic ambiguity resolution as lexical ambiguity resolution. In: Clifton, C. Frazier, L./Rayner, K. (Eds.): 676-703.

MacWhinney, B. (1987): The Competition Model. In: MacWhinney, B. (Ed.): *Mechanisms of Language Acquisition*. NJ: Erlbaum. 249-308.

MacWhinney, B. (1989): Competition and connectionism. In: MacWhinney, B. /Bates, E. (Eds.): 422-457.

MacWhinney, B. (1992): Transfer and competition in second language learning. In: Harris, R.J. (Ed.): 371-390.

MacWhinney, B. (2001): The competition model: the input, the context, and the brain. In: Robinson, P. (Ed.): 69-90.

MacWhinney, B. (2005): New Directions in the Competition Model. In: Tomasello, M./Slobin, I.S.: 81-110.

MacWhinney, B. (2008): A Unified Model. In Ellis, N./Robinson, P. (Eds.) *Handbook of cognitive linguistics and second language acquisition*. NJ: Erlbaum. 341-372. Online: http://psyling.psy.cmu.edu/papers/CM-L2/unified.pdf 1-43. (Zugriff: 08.07.2008).

MacWhinney, B. (Ed.) (1987): *Mechanisms of Language Acquisition*. NJ: Erlbaum.

MacWhinney, B./Bates, E. (1989): *The crosslinguistic study of sentence processing*. New York: Cambridge UP.

MacWhinney, B./Bates, E. (1994): The Competition Model and UG. Online: http://psyling.psy.cmu.edu/papers/gibson.pdf (Zugriff 10.08.2008).

MacWhinney, B./Bates, E./Kliegl, R. (1984): Cue validity and sentence interpretation in English, German, and Italian. *Journal of verbal learning and verbal behaviour 23,* 127-150.

MacWhinney, B./Pléh, C. (1997): Double agreement: Role identification in Hungarian. *Language and Cognitive Processes 12,* 67-102.

MacWhinney, B./Pléh, C./Bates, E. (1985): The development of sentence interpretation in Hungarian. *Cognitive psychology, 17*, 178-209.

Marinis, T. (2007): On-line Processing of Passives in L1 and L2 Children. In: Belikova, A., Meroni, L. & Umeda, M. (Eds.). *Proceedings of the 2nd Conference on Generative Approaches to Language Acquisition North America (GALANA).* Somerville, MA: Cascadilla Proceedings Project, 265-276. Online: http://www.lingref.com/cpp/galana/2/ paper1567.pdf (Zugriff: 02.09.2008).

Matzke, M./Mai, H./Nager, W./Rüsseler, J./Münte, T. (2002): The cost of freedom: An ERP-study of non-canonical sentences. *Clinical Neurophysiology 113 (6),* 844-852.

McClelland, J.J./Rumelhart, D.E./Hinton, G. (1986): The appeal of parallel distributed processing. In: Rumelhart, D.E./McClelland, J.L. (Eds.): 3-44.

McDonald, J. (1986): The development of sentence comprehension strategies in English and Dutch. *Journal of Experimental child psychology 41,* 317-335.

McDonald, J. (1987a): Assigning linguistic roles: The influence of conflicting cues. *Journal of Memory and Language 26,* 100-117.

McDonald, J. (1987b): Sentence interpretation in bilingual speakers of English and Dutch. *Applied Psycholinguistics 8,* 379–413.

McDonald, J. (1989): The acquisition of cue-category mappings. In: MacWhinney, B./Bates, E. (Eds.): 375-396.

McDonald, J./Heilenman, K. (1991): Determinants of cue strength in adult first and second language speakers of French. *Applied Psycholinguistics 12,* 313-348.

McLaughlin, B./Harrington, M (1989): Second language acquisition. *Annual Review of Applied Linguistics, 19,* 122-134.

McLaughlin, B./Rossman, T./McLeod, B. (1983): Second Language Learning: an information processing perspective. *Language Learning 33, 2,* 135-158.

Miller. J.L./Eimas, P.D. (Eds.) (1995): Handbook of perception and cognition Vol. 11: Speech, language and communication.

Mimica, I./Sullivan, M./Smith, S. (1994): An on-line study of sentence interpretation in native Croatian speakers. *Applied Psycholinguistics 15,* 237-261.

Mitchell, D. (1994): Sentence processing. In: Gernsbacher, M. (Ed.): 375-409.

Osgood, C.E./Bock, J.K. (1977): Salience and Sentencing: Some Production Principles. In: Rosenberg, S. (Ed.): 89-139.

Papadopoulou, D. (2005): Reading-time studies of second language ambiguity resolution. *Second Language Research 21,* 98–120.

Papadopoulou, D./Clahsen, H. (2003): Parsing strategies in L1 and L2 sentence processing: A study of relative clause attachment in Greek. *Studies in Second Language Acquisition 25,* 501-528.

Penner, Z. (1998): Sprachentwicklung und Sprachverstehen bei Ausländerkindern. Eine Pilotstudie bei Schulkindern in der deutschen Schweiz. In: Wegener, H. (Ed.): 241-263.

Pienemann, M. (1998): Developmental dynamics in L1 and L2 acquisition: Processability theory and generative entrenchment. *Bilingualism, Language, and Cognition 1,* 1-20.

Pinker, S. (1981): On the acquisition of grammatical morphemes. *Journal of Child Language 8*, 477-484.

Pléh, C. (1989): The development of sentence interpretation in Hungarian. In: MacWhinney, B./Bates, E. (Eds.): 178-209.

Pritchett, B. (1992): *Grammatical competence and parsing performance*. Chicago, IL: University of Chicago Press.

Ritterbusch, R./LaFond, L./Agustin M. (2006): Learner difficulties with German case: Implications from an action research study. *Die Unterrichtspraxis 39 (1-2)*, 30-45.

Robinson, P. (Ed.) (2001): *Cognition and second language instruction*. Cambridge: Cambridge UP.

Rosenberg, S. (Ed.) (1977): Sentence production. Development in Research and Theory. NJ: Erlbaum.

Rumelhart, D.E./McClelland, J.L. (Eds.) (1986): *Parallel distributed processing*. Cambridge, MA: MIT Press.

Sasaki, Y. (1997): Material and presentation condition effects on sentence interpretation task performance: methodological examinations of the competition experiment. *Second Language Research 13,1,* 66–91.

Schmidt, R. (2001): Attention. In: Robinson, P. (Ed.): 3-32.

Schröder, C. (2000): Prädikation im Türkischen. Online: http://www.fb10.uni-bremen.de/iaas/workshop/praedi/schroeder.pdf. (Zugriff: 20.07.2008).

Selinker, L. (1972): Interlanguage. International Review of Applied Linguistics in Language Teaching 10, (3), 209-231.

Siebert-Ott, G. (2006): Mehrsprachigkeit und Bildungserfolg-eine bildungspolitische Kontroverse. In: Auernheimer, G. (Ed.): 145-161.

Slobin, D.I./Bever, T. (1982): Children use canonical sentence schemas: A crosslinguistic study of word order and inflections. *Cognition 12*, 229-265.

Slobin, D.I./Zimmer, K. (Eds.) (1986): *Studies in Turkish Linguistics* (=Typological Studies in Language 8). Amsterdam: Benjamins.

Stillings, N.A./Weisler, S.E./Chase, C.H./Feinstein, M.H./Garfield, J. L./Rissland, E.L. (1995): *Cognitive science: An introduction* (2nd ed.). Cambridge, MA: MIT Press.

Su, I. (2001): Transfer of sentence professing strategies: A comparison of L2 learners of Chinese and English. *Applied Psycholinguistics 22*, 83-112.

Su, I. (2004): The effects of discourse processing with regard to syntactic and semantic cues: A competition model study. *Applied Psycholinguistics 25*, 587-601.

Swain, M./Lapkin, S. (1995): Problems in output and the cognitive processes they generate. A step towards second language learning. *Applied Linguistics 16*, 371-391.

Tanenhaus, M.K./Trueswell, J.C. (1995): Sentence comprehension. In: Miller, J.L./ Eimas, P.D. (Eds.): 217-262.

Tomasello, M. (2003): Constructing a language: a usage-based theory of language acquisition. Cambridge, Mass.: Harvard UP.

Tomasello, M./Slobin, I.S. (Eds.) (2005): *Beyond Nature-Nurture.* Essays in Honor of Elizabeth Bates. NJ: Erlbaum.

Trueswell, J.C./Tanenhaus, M.K. (1994): Toward a lexicalist framework for constraint- based syntactic ambiguity resolution. In: Clifton, C./Frazier, L./Rayner, K. (Eds.): 155-179.

Underhill, R. (1986): Turkish. In: Slobin, D.I./Zimmer, K. (Eds.): 7-23.

VanPatten, B. (1996): Input processing and grammar instruction in second language acquisition. Norwood, NJ: Ablex.

VanPatten, B. (2004): Input processing in SLA. In: ders. (Ed.): 5-32.

VanPatten, B. (Ed.) (2004): Processing instruction: Theory, research, and commentary. NJ: Erlbaum.

VanPatten, B./Dvorak, T./ Lee, J. (Eds.) (1987): *Foreign language learning: A research perspective.* Cambridge, MA: Newbury House.

Wegener, H. (Ed.) (1998): Eine zweite Sprache lernen - empirische Untersuchungen zum Zweitspracherwerb. Tübingen: Narr.

Wingfield, A./Titone, D. (1998): Sentence processing. In: Gleason, J./Ratner, N. (Eds.): 227-274.

Winitz, H. (Ed.) (1981): Annals of the New York Academy of Sciences conference on native and foreign language acquisition. NY: New York Academy of Sciences.

Year, J. (2003): Sentence Processing within the Competition Model. In: *Working Papers in TESOL & Applied Linguistics,* Vol 3, No 1. Columbia: Columbia UP.

6. ANHANG

C-Test nach Bauer/Meder (1994)

Text 1
In einer kleinen Hütte tief im Wald wohnte ein alter Mann. Der alte Mann war ein kluger Jäger. Aber die (1) Tiere waren (2) noch schlauer (3) als er (4). Der alte (5) Jäger hatte (6) einen großen (7) Wunsch. Er (8) wollte einen (9) Bären töten (10). Nachts träumte (11) er oft (12) davon, was (13) er mit (14) dem getöteten (15) Bären alles (16) machen würde (17): Der Kopf (18) sollte im (19) Wohnzimmer an (20) der Wand (21) hängen und (22) aus dem (23) Fell wollte (24) er sich (25) einen prächtigen Pelz nähen lassen.

Text 2
Auch Kinder brauchen schon Geld. Sie bekommen (1) dieses Geld (2) meistens von (3) ihren Eltern (4) und es (5) heißt Taschengeld (6). Aber nicht (7) alle Kinder (8) können damit (9) machen, was (10) sie wollen (11). Denn manche (12) Eltern bestimmen (13), wofür sie (14) es ausgeben (15) dürfen. Die (16) Kinder sollen (17) sparen lernen (18). Ein Monat (19) ist länger (20) als man (21) denkt. Es (22) ist vernünftig (23), sich die (24) Summe einzuteilen (25), denn sonst hat man schon nach einer Woche kein Geld mehr.

Text 3
Als Dirk nach der Schule an den Lagerhäusern vorbeiging, sah er, dass in einem der Häuser ein Feuer ausgebrochen war. Dicke Rauchwolken (1) drangen aus (2) den Fenstern (3). Schon hatten (4) sich viele (5) Neugierige am (6) Straßenrand versammelt (7). Die Feuerwehr (8) war schon (9) benachrichtigt worden (10). Dirk hörte (11), wie das (12) Ta-tü-ta-ta der (13) Sirene immer (14) näher kam (15). Dann tauchten (16) mehrere Feuerwehrautos (17) auf. Sie (18) bogen von (19) der Hauptstraße (20) ab und (21) hielten vor (22) dem Haus (23). Schnell sprangen (24) die Männer (25) in den blauen Uniformen von ihren Sitzen und rollten Wasserschläuche aus. Ein Polizist drängte die neugierigen Zuschauer zurück.

Text 4
Heute ist das Wetter schön und die Kinder spielen vor dem Haus Fußball. Sie machen (1) viel Lärm (2) und stören (3) die Nachbarn (4). Ein Mann (5) schaut aus (6) dem Fenster (7). Er ist (8) wütend und (9) ruft: „Geht (10) weg! Ihr (11) dürft hier (12) vorne nicht (13) spielen. Das (14) ist verboten (15)." Aber die (16) Kinder hören (17) nicht. Plötzlich (18) fliegt der (19) Ball gegen (20) eine Scheibe (21) und man (22) hört einen (23) lauten Knall (24). Die Kinder (25) laufen schnell weg und verstecken sich.

Liste der in Experiment 1 verwendeten Stimuli

AA, NVN, C0, AG0	Der Frosch schubst der Storch.
AA, NVN, C0, AG1	Die Hunde schubsen den Tiger.
AA, NVN, C0, AG2	Die Elefanten schubst den Vogel.
AA, NVN, C1, AG0	Der Löwe schubsen den Tiger.
AA, NVN, C1, AG1	Der Igel schubst den Hasen.
AA, NVN, C1, AG2	Der Hase schubsen die Frösche.
AA, NVN, C2, AG0	Den Hahn schubsen der Fisch.
AA, NVN, C2, AG1	Die Hirsche schubsen der Storch.
AA, NVN, C2, AG2	Die Löwen schubst der Frosch.
AA, VNN, C0, AG0	Schubst der Frosch der Storch.
AA, VNN, C0, AG1	Schubsen die Hunde den Tiger.
AA, VNN, C0, AG2	Schubst die Elefanten den Vogel.
AA, VNN, C1, AG0	Schubsen der Löwe den Tiger.
AA, VNN, C1, AG1	Schubst der Igel den Hasen.
AA, VNN, C1, AG2	Schubsen der Hase die Frösche.
AA, VNN, C2, AG0	Schubsen den Hahn der Fisch.
AA, VNN, C2, AG1	Schubsen die Hirsche der Storch.
AA, VNN, C2, AG2	Schubst die Löwen der Frosch.
AA, NNV, C0, AG0	Der Frosch der Storch schubst.
AA, NNV, C0, AG1	Die Hunde den Tiger schubsen.
AA, NNV, C0, AG2	Die Vögel den Elefanten schubst.
AA, NNV, C1, AG0	Der Löwe den Tiger schubsen.
AA, NNV, C1, AG1	Der Igel den Hasen schubst.
AA, NNV, C1, AG2	Der Frosch die Hasen schubsen.
AA, NNV, C2, AG0	Den Hahn der Fisch schubsen.
AA, NNV, C2, AG1	Die Hirsche der Storch schubsen.
AA, NNV, C2, AG2	Die Löwen der Frosch schubst.
IA, NNV, C0, AG0	Der Klotz der Frosch schubst.
IA, NNV, C0, AG1	Die Bälle den Hund schubsen.
IA, NNV, C0, AG2	Die Klötze den Elefanten schubst.
IA, NNV, C1, AG0	Der Klotz den Löwen schubsen.
IA, NNV, C1, AG1	Der Ball den Igel schubst.
IA, NNV, C1, AG2	Der Klotz die Hasen schubsen.
IA, NNV, C2, AG0	Den Ball der Frosch schubsen.
IA, NNV, C2, AG1	Die Klötze der Hirsch schubsen.
IA, NNV, C2, AG2	Die Klötze der Löwe schubst.
IA, NVN, C0, AG0	Der Klotz schubst der Frosch.
IA, NVN, C0, AG1	Die Bälle schubsen den Hund.
IA, NVN, C0, AG2	Die Bälle schubst den Elefanten.
IA, NVN, C1, AG0	Der Klotz schubsen den Löwen.
IA, NVN, C1, AG1	Der Ball schubst den Igel.
IA, NVN, C1, AG2	Der Klotz schubsen die Hasen.

IA, NVN, C2, AG0	Den Ball schubsen der Fisch.
IA, NVN, C2, AG1	Die Bälle schubsen der Hirsch.
IA, NVN, C2, AG2	Die Klötze schubst der Löwe.
IA, VNN, C0, AG0	Schubst der Klotz der Frosch.
IA, VNN, C0, AG1	Schubsen die Klötze den Hund.
IA, VNN, C0, AG2	Schubst die Klötze den Elefanten.
IA, VNN, C1, AG0	Schubsen der Klotz den Löwen.
IA, VNN, C1, AG1	Schubst der Ball die Igel.
IA, VNN, C1, AG2	Schubsen der Klotz die Hasen.
IA, VNN, C2, AG0	Schubsen den Klotz der Fisch.
IA, VNN, C2, AG1	Schubsen die Klötze der Storch.
IA, VNN, C2, AG2	Schubst die Klötze der Löwe.
AI, VNN, C0, AG0	Schubst der Frosch der Klotz.
AI, VNN, C0, AG1	Schubsen die Hunde den Ball.
AI, VNN, C0, AG2	Schubst die Elefanten den Klotz.
AI, VNN, C1, AG0	Schubsen der Tiger den Klotz.
AI, VNN, C1, AG1	Schubst der Igel den Ball.
AI, VNN, C1, AG2	Schubsen der Hase die Klötze.
AI, VNN, C2, AG0	Schubsen den Fisch der Ball.
AI, VNN, C2, AG1	Schubsen die Hirsche der Klotz.
AI, VNN, C2, AG2	Schubst die Löwen der Klotz.
AI, NNV, C0, AG0	Der Frosch der Klotz schubst.
AI, NNV, C0, AG1	Die Hunde den Ball schubsen.
AI, NNV, C0, AG2	Die Elefanten den Ball schubst.
AI, NNV, C1, AG0	Der Tiger den Klotz schubsen.
AI, NNV, C1, AG1	Der Igel den Ball schubst.
AI, NNV, C1, AG2	Der Hase die Klötze schubsen.
AI, NNV, C2, AG0	Den Fisch der Ball schubsen.
AI, NNV, C2, AG1	Die Hirsche der Klotz schubsen.
AI, NNV, C2, AG2	Die Löwen der Klotz schubst.
AI, NVN, C0, AG0	Der Frosch schubst der Ball.
AI, NVN, C0, AG1	Die Hunde schubsen den Ball.
AI, NVN, C0, AG2	Die Elefanten schubst den Klotz.
AI, NVN, C1, AG0	Der Tiger schubsen den Klotz.
AI, NVN, C1, AG1	Der Igel schubst den Ball.
AI, NVN, C1, AG2	Der Hase schubsen die Klötze.
AI, NVN, C2, AG0	Den Fisch schubsen der Ball.
AI, NVN, C2, AG1	Die Hirsche schubsen der Klotz.
AI, NVN, C2, AG2	Die Löwen schubst der Ball.

Beispiel für Antwortbogen Experiment 1

Einfaktorielle Varianzanalyse: Vergleich zwischen L1 und L2

Abhängige Variable: Antwort

Quelle	Quadratsumme vom Typ III	df	Mittel der Quadrate	F	Signifikanz	Partielles Eta^2
Korrigiertes Modell	201,789[a]	161	1,253	6,843	,000	,246
Konstanter Term	1435,077	1	1435,077	7834,808	,000	,698
L1	3,860	1	3,860	21,074	,000	,006
WO	,736	2	,368	2,010	,134	,001
SVK	61,389	2	30,694	167,576	,000	,090
KM	52,286	2	26,143	142,727	,000	,078
Belebtheit	26,682	2	13,341	72,835	,000	,041
L1 * WO	,038	2	,019	,103	,902	,000
L1 * SVK	3,654	2	1,827	9,974	,000	,006
WO * SVK	,639	4	,160	,872	,480	,001
L1 * WO * SVK	1,091	4	,273	1,489	,203	,002
L1 * KM	,344	2	,172	,940	,391	,001
WO * KM	1,483	4	,371	2,024	,088	,002
L1 * WO * KM	,995	4	,249	1,358	,246	,002
SVK * KM	22,202	4	5,551	30,303	,000	,035
L1 * SVK * KM	,561	4	,140	,766	,547	,001
WO * SVK * KM	1,212	8	,151	,827	,579	,002
L1 * WO * SVK * KM	1,225	8	,153	,836	,571	,002
L1 * Belebtheit	4,838	2	2,419	13,205	,000	,008
WO * Belebtheit	,627	4	,157	,855	,490	,001
L1 * WO * Belebtheit	,754	4	,189	1,030	,390	,001
SVK * Belebtheit	,411	4	,103	,561	,691	,001
L1 * SVK * Belebtheit	,551	4	,138	,752	,557	,001
WO * SVK * Belebtheit	,966	8	,121	,659	,728	,002
L1 * WO * SVK * Belebtheit	2,107	8	,263	1,438	,175	,003
KM * Belebtheit	,817	4	,204	1,115	,347	,001
L1 * KM * Belebtheit	,061	4	,015	,084	,987	,000
WO * KM * Belebtheit	1,826	8	,228	1,246	,268	,003
L1 * WO * KM * Belebtheit	1,478	8	,185	1,009	,427	,002
SVK * KM * Belebtheit	1,742	8	,218	1,189	,302	,003
L1 * SVK * KM * Belebtheit	,821	8	,103	,560	,811	,001
WO * SVK * KM * Belebtheit	1,928	16	,121	,658	,837	,003
L1 * WO * SVK * KM * Belebtheit	1,921	16	,120	,655	,840	,003
Fehler	619,470	3382	,183			
Gesamt	2251,000	3544				
Korrigierte Gesamtvariation	821,259	3543				

a. R-Quadrat = ,246 (korrigiertes R-Quadrat = ,210)

Einfaktorielle Varianzanalyse für L2 Deutsch mit C-Test als zusätzlichen Faktor

Abhängige Variable: Antwort

Quelle	Quadratsumme vom Typ III	df	Mittel der Quadrate	F	Signifikanz	Partielles Eta²
Korrigiertes Modell	79,011[a]	80	,988	5,396	,000	,212
Konstanter Term	755,623	1	755,623	4128,13	,000	,720
CTest	1,789	2	,894	4,886	,008	,006
WO	,235	2	,118	,643	,526	,001
SVK	19,041	2	9,521	52,013	,000	,061
KM	27,151	2	13,575	74,165	,000	,085
CTest * WO	,396	4	,099	,541	,706	,001
CTest * SVK	1,549	4	,387	2,115	,077	,005
WO * SVK	,802	4	,201	1,096	,357	,003
CTest * WO * SVK	,954	8	,119	,651	,735	,003
CTest * KM	7,360	4	1,840	10,053	,000	,024
WO * KM	1,640	4	,410	2,240	,063	,006
CTest * WO * KM	,809	8	,101	,553	,817	,003
SVK * KM	12,516	4	3,129	17,094	,000	,041
CTest * SVK * KM	1,378	8	,172	,941	,481	,005
WO * SVK * KM	,464	8	,058	,317	,960	,002
CTest * WO * SVK * KM	2,603	16	,163	,889	,582	,009
Fehler	293,417	1603	,183			
Gesamt	1128,000	1684				
Korrigierte Gesamtvariation	372,428	1683				

a. R-Quadrat = ,212 (korrigiertes R-Quadrat = ,173)

Deskriptive Statistik: Antwortverhalten je nach C-Test

Dependent Variable: Antwort

SVK	Kasus	CTest	AA			AI			IA		
			NVN	VNN	NNV	NVN	VNN	NNV	NVN	VNN	NNV
AG0	KM neutr.	1	,57	,71	,50	,29	,57	,43	,43	,86	,86
		2	,57	1,00	,71	,86	,86	1,00	,57	,29	,29
		3	,57	,57	,57	,86	,71	,33	,57	,14	,57
		Total	,57	,76	,60	,67	,71	,60	,52	,43	,57
	Nom 1.NP	1	,83	,86	1,00	,86	1,00	,71	1,00	,71	,71
		2	,86	,86	,86	,71	,57	,86	,86	,86	,86
		3	1,00	,86	1,00	1,00	,86	,71	,86	,57	,71
		Total	,90	,86	,95	,86	,80	,76	,90	,71	,76
	Nom 2.NP	1	,71	,57	,86	,29	,43	,43	,57	,86	,50
		2	,29	,57	,71	,57	,43	,71	,29	,43	,43
		3	,14	,29	,29	,14	,29	,43	,14	,14	,00
		Total	,38	,48	,62	,33	,38	,52	,33	,48	,30
AG1	KM neutr.	1	,86	,67	,71	1,00	1,00	,86	,86	,86	,50
		2	,86	1,00	1,00	1,00	,86	,86	1,00	,86	,86
		3	1,00	,86	,86	1,00	1,00	1,00	,86	,71	,71
		Total	,90	,85	,86	1,00	,95	,90	,90	,81	,70
	Nom 1.NP	1	,86	,86	,86	,86	,86	,86	1,00	,57	,86
		2	1,00	1,00	1,00	,86	1,00	,86	1,00	1,00	,43
		3	1,00	,86	1,00	1,00	1,00	,71	1,00	,86	,86
		Total	,95	,90	,95	,90	,95	,81	1,00	,81	,71
	Nom 2.NP	1	,86	1,00	,86	,86	,86	,67	,57	,43	,57
		2	,57	,57	1,00	,86	1,00	,57	,57	,71	,57
		3	,57	,71	,50	,71	,86	,57	,57	,43	,57
		Total	,67	,75	,80	,81	,90	,60	,57	,52	,57
AG2	KM neutr.	1	,83	1,00	,71	,57	,83	1,00	,57	,57	,67
		2	,86	,86	,71	,71	,86	1,00	,71	1,00	,71
		3	1,00	1,00	,71	,71	,86	,86	,86	,83	,86
		Total	,90	,95	,71	,67	,85	,95	,71	,80	,75
	Nom 1.NP	1	,57	,43	,00	,57	,57	,43	,57	,29	,14
		2	,71	,71	,71	,71	,57	,57	,57	,14	,71
		3	,57	,71	,57	,71	,71	,71	,43	,71	,57
		Total	,62	,62	,45	,67	,62	,57	,52	,38	,48
	Nom 2.NP	1	,57	,57	,50	,43	,43	,43	,14	,43	,57
		2	,71	,29	,57	,43	,71	,71	,00	,43	,14
		3	,00	,14	,43	,29	,29	,14	,14	,14	,00
		Total	,43	,33	,50	,38	,48	,43	,10	,33	,24

Einfaktorielle Varianzanalyse für L2 Deutsch: C-Test Gruppe 1

Abhängige Variable: Antwort

Quelle	Quadratsumme vom Typ III	df	Mittel der Quadrate	F	Signifikanz	Partielles Eta²
Korrigiertes Modell	28,278[a]	80	,353	1,765	,000	,230
Konstanter Term	245,592	1	245,592	1226,663	,000	,722
Belebtheit	,893	2	,446	2,230	,109	,009
WO	,320	2	,160	,798	,451	,003
SVK	6,438	2	3,219	16,078	,000	,064
KM	1,650	2	,825	4,119	,017	,017
Belebtheit * WO	,261	4	,065	,325	,861	,003
Belebtheit * SVK	2,270	4	,567	2,834	,024	,023
WO * SVK	,620	4	,155	,774	,543	,007
Belebtheit * WO * SVK	1,171	8	,146	,731	,664	,012
Belebtheit * KM	1,050	4	,263	1,311	,265	,011
WO * KM	1,232	4	,308	1,538	,190	,013
Belebtheit * WO * KM	1,074	8	,134	,670	,718	,011
SVK * KM	6,168	4	1,542	7,701	,000	,061
Belebtheit * SVK * KM	1,675	8	,209	1,046	,401	,017
WO * SVK * KM	1,566	8	,196	,978	,452	,016
Belebtheit * WO * SVK * KM	1,993	16	,125	,622	,867	,021
Fehler	94,500	472	,200			
Gesamt	369,000	553				
Korrigierte Gesamtvariation	122,778	552				

a. R-Quadrat = ,230 (korrigiertes R-Quadrat = ,100)

Einfaktorielle Varianzanalyse für L2 Deutsch: C-Test Gruppe 2

Abhängige Variable: Antwort

Quelle	Quadratsumme vom Typ III	df	Mittel der Quadrate	F	Signifikanz	Partielles Eta²
Korrigiertes Modell	31,993[a]	80	,400	2,298	,000	,274
Konstanter Term	286,436	1	286,436	1646,04	,000	,772
Belebtheit	3,284	2	1,642	9,436	,000	,037
WO	,088	2	,044	,253	,776	,001
SVK	5,358	2	2,679	15,395	,000	,060
KM	7,432	2	3,716	21,355	,000	,081
Belebtheit * WO	,494	4	,123	,709	,586	,006
Belebtheit * SVK	,240	4	,060	,345	,848	,003
WO * SVK	,578	4	,145	,831	,506	,007
Belebtheit * WO * SVK	2,332	8	,291	1,675	,102	,027
Belebtheit * KM	1,086	4	,272	1,561	,184	,013
WO * KM	,695	4	,174	,998	,408	,008
Belebtheit * WO * KM	1,485	8	,186	1,067	,385	,017
SVK * KM	2,060	4	,515	2,959	,020	,024
Belebtheit * SVK * KM	2,723	8	,340	1,956	,050	,031
WO * SVK * KM	1,019	8	,127	,732	,663	,012
Belebtheit * WO * SVK * KM	3,118	16	,195	1,120	,333	,036
Fehler	84,571	486	,174			
Gesamt	403,000	567				
Korrigierte Gesamtvariation	116,564	566				

a. R-Quadrat = ,274 (korrigiertes R-Quadrat = ,155)

Einfaktorielle Varianzanalyse für L2 Deutsch: C-Test Gruppe 3

Abhängige Variable: Antwort

Quelle	Quadratsumme vom Typ III	df	Mittel der Quadrate	F	Signifikanz	Partielles Eta²
Korrigiertes Modell	49,338ᵃ	80	,617	3,635	,000	,376
Konstanter Term	224,234	1	224,234	1321,56	,000	,732
Belebtheit	1,929	2	,965	5,686	,004	,023
WO	,275	2	,137	,809	,446	,003
SVK	8,788	2	4,394	25,898	,000	,097
KM	25,514	2	12,757	75,185	,000	,237
Belebtheit * WO	,588	4	,147	,866	,484	,007
Belebtheit * SVK	,269	4	,067	,397	,811	,003
WO * SVK	,578	4	,145	,852	,493	,007
Belebtheit * WO * SVK	,444	8	,056	,327	,956	,005
Belebtheit * KM	,148	4	,037	,218	,929	,002
WO * KM	,441	4	,110	,650	,627	,005
Belebtheit * WO * KM	,621	8	,078	,457	,886	,008
SVK * KM	5,821	4	1,455	8,576	,000	,066
Belebtheit * SVK * KM	,686	8	,086	,505	,853	,008
WO * SVK * KM	,541	8	,068	,398	,922	,007
Belebtheit * WO * SVK * KM	2,497	16	,156	,920	,546	,030
Fehler	81,952	483	,170			
Gesamt	356,000	564				
Korrigierte Gesamtvariation	131,291	563				

a. R-Quadrat = ,376 (korrigiertes R-Quadrat = ,272)

Testsätze für Experiment 2

NNN	NNV	VVV
AA *Die Katze attackiert die Maus.*	**AA** *Die Mutter die Katze erschreckt.*	**AA** *Beißt das Nilpferd das Krokodil.*
1. Die Katze schläft. Eine Maus läuft vorbei und weckt die Katze auf. Die Katze ist böse.	1. Eine Katze liegt in der Küche und schläft. Die Mutter will die Küche saubermachen und stellt den Staubsauger an. Plötzlich wird es laut.	1. Ein Krokodil schläft am Ufer. Ein Nilpferd will das Krokodil ärgern und schleicht sich heran.
2. Eine Maus spielt mit ihrem Besitzer. Plötzlich rennt eine Katze auf sie zu. Die Maus will ihren Besitzer beschützen.	2. Die Mutter liegt im Bett und schläft. Die Katze hat Hunger und springt in das Bett von der Mutter.	2. Ein Krokodil schläft. Ein Nilpferd will das Krokodil ärgern, doch das Krokodil wacht auf und ist wütend.
AA *Das Kaninchen beißt das Wildschwein.*	**AA** *Die Hündin die Katze beißt.*	**AA** *Attackiert die Kuh die Ziege.*
1. Ein Wildschwein will die Jungen von einem Kaninchen angreifen. Das Kaninchen will seine Babys beschützen.	1. Eine Katze tritt unabsichtlich auf den Schwanz einer Hündin. Die Hündin ist böse.	1. Die Kuh schläft. Eine Ziege macht Lärm und weckt die Kuh auf. Die Kuh wird böse.
2. Ein Wildschwein ist hungrig und sucht etwas zu essen. Plötzlich sieht es ein Kaninchen.	2. Eine Hündin versucht, das Futter von einer Katze zu klauen. Die Katze wird wütend und verteidigt ihr Fressen.	2. Die Ziege frisst. Eine Kuh will auch etwas fressen und versucht, der Ziege ihr Futter zu klauen. Doch die Ziege wehrt sich.
AA *Die Frau erschreckt das Pferd.*	**AA** *Das Wildschwein das Reh attackiert.*	**AA** *Erschreckt das Kaninchen das Meerschweinchen.*
1. Es ist früh am Morgen. Eine Frau will reiten gehen. Die Frau geht in den Stall, aber das Pferd schläft noch.	1. Das Wildschwein frisst sein Futter, als ein Reh vorbeikommt. Das Reh will auch von dem Futter fressen, doch das Wildschwein wird böse.	1. Ein Meerschweinchen und ein Kaninchen spielen im Stall. Das Kaninchen versteckt sich hinter dem Haus. Das Meerschweinchen sieht das Kaninchen nicht.
2. Eine Frau liegt in der Sonne auf einer Weide. Sie hört nicht, wie ein Pferd auf sie zukommt. Plötzlich macht sie die Augen auf und sieht das Pferd.	2. Es regnet. Ein Reh steht in seinem Stall. Dann kommt ein Wildschwein vorbei und will auch ins Trockene. Doch das Reh will lieber alleine bleiben.	2. Ein Meerschweinchen und ein Kaninchen sind in einem Käfig. Das Kaninchen schläft. Es hört nicht, wie das Meerschweinchen vorbei kommt.

IA	Das Tuch zieht die Amsel.	IA	Die Hängematte das Mädchen trägt.	IA	Fängt das Netz das Huhn.
	1. Ein Tuch hängt in einem Baum. Eine Amsel passt nicht auf und verheddert sich. Plötzlich kommt Wind und das Tuch steigt mit der Amsel in die Luft.		1. Es ist Sommer. Ein Mädchen liegt in einer Hängematte und sonnt sich.		1. Dem Bauer ist ein Huhn weggelaufen. Um das Huhn wiederzubekommen, stellt er draußen ein Netz auf.
	2. Der Wind bläst ein Tuch durch die Gegend. Eine Amsel sieht das Tuch und ist begeistert. Die Amsel fliegt zu dem Tuch und nimmt es in den Schnabel.		2. Es ist schönes Wetter. Ein Mädchen nimmt seine Hängematte und will diese draußen aufhängen gehen.		2. Es ist windig. Ein Netz fliegt durch den Hühnerstall. Ein Huhn fühlt sich gestört und läuft hinter dem Netz hinterher. Das Huhn will das Netz wegschaffen.
IA	Die Tasche trägt die Katze.	IA	Das Auto das Mädchen fängt.	IA	Zieht die Kutsche das Pferd.
	1. Eine Katze hat sich ein Bein gebrochen. Ihre Besitzerin will mit der Katze zum Tierarzt und setzt die Katze in eine Tasche.		1. Ein Mädchen und ein Junge spielen mit einem Spielzeugauto. Das Mädchen läuft los und das Auto verfolgt das Mädchen.		1. Ein Bauer bindet ein junges Pferd hinten an eine Kutsche. Der Bauer fährt los, doch das Pferd hat keine Lust, hinterher zu laufen. Es versucht, stehen zu bleiben.
	2. Eine Frau sucht ihre Tasche. Dann sieht sie die Katze, die mit der Tasche im Maul durch die Wohnung läuft.		2. Ein Mädchen spielt mit seinem Spielzeugauto auf einem Berg. Plötzlich rollt das Auto nach unten. Das Mädchen läuft hinterher.		2. Ein Bauer hat ein Pferd und eine Kutsche. Eines Tages ist schönes Wetter und der Bauer will eine Kutschfahrt machen.
IA	Das Flugzeug fängt die Frau.	IA	Das Auto die Katze zieht.	IA	Trägt die Luftmatratze das Kind.
	1. Eine Frau hat eine Bank überfallen. Die Polizei sucht mit einem Flugzeug nach der Frau.		1. Ein Kind hat ein Spielzeugauto mit einem Anhänger. Eine Katze springt in den Anhänger. Plötzlich fährt das Auto los.		1. Ein Kind badet im See. Das Kind setzt sich auf seine Luftmatratze.
	2. Ein Kind spielt im Park mit einem Spielzeugflugzeug. Plötzlich kommt Wind auf und das Flugzeug fliegt los. Eine Frau rennt hinterher.		2. Eine Katze spielt mit einem Band. Das Band ist an ein Spielzeugauto gebunden. Die Katze nimmt das Band ins Maul und bewegt so das Auto.		2. Es ist schönes Wetter. Ein Kind sitzt am See. Dann will das Kind baden gehen. Es nimmt seine Luftmatratze und geht zum Wasser.

AI	Die Mutter hält die Schaukel.	AI	Das Schwein die Tür bewegt.		Schlägt das Mädchen die Tür.
	1. Eine Mutter ist mit ihrem Kind auf einem Spielplatz. Das Kind schaukelt. Plötzlich möchte es absteigen.		1. Ein Schwein sucht seine Jungen. Plötzlich hört es hinter einer Tür ein Geräusch. Das Schwein will nachschauen.		1. Ein Mädchen streitet sich mit seiner Schwester. Das Mädchen rennt in sein Zimmer und will alleine sein.
	2. Eine Mutter will schaukeln und setzt sich vorsichtig auf eine alte Schaukel. Sie hat Angst, herunter zu fallen, aber die Schaukel ist stabil.		2. Die Tür ist kaputt und schwingt hin und her. Das Schwein geht durch die Tür, als die Tür zuschlägt. Das Schwein wird in den Raum geschoben.		2. Es ist windig. Ein Mädchen geht nach Hause. Als es die Tür öffnen will, schwingt diese zurück.
AI	Die Schwimmerin schlägt das Schiff.	AI	Die Katze die Gardine hält.	AI	Bewegt das Kind das Karussell.
	1. Ein Schiff tritt bei einem Wettkampf gegen eine Schwimmerin an. Die Schwimmerin ist schneller als das Schiff.		1. Die Mutter hat die Gardine gewaschen und noch nicht wieder aufgehängt. Eine Katze findet die Gardine und trägt sie durch die Wohnung.		1. Ein Kind hat einen Spielzeugjahrmarkt. Das Kind setzt seine Figuren in das Karussell und dreht es.
	2. Eine Schwimmerin will schneller schwimmen als ein Schiff. Doch dann verletzt sich die Schwimmerin.		2. Die Katze spielt in der Wohnung. Plötzlich klettert sie die Gardine hoch und guckt von oben runter.		2. Ein Kind ist auf dem Jahrmarkt. Es will mit dem Kettenkarussell fahren. Der Vater wartet, während sich das Karussell dreht.
AI	Die Artistin bewegt das Trapez.	AI	Das Mädchen die Lampe schlägt.	AI	Hält die Hündin die Leine.
	1. Eine Artistin will am Trapez turnen. Sie geht in die Manege und steigt auf das Trapez.		1. Die Lampe ist kaputt. Das Mädchen versucht, die Lampe zu reparieren, schafft es aber nicht. Das Mädchen ist wütend.		1. Eine Hündin will spazieren gehen. Sie nimmt die Leine ins Maul und läuft zu ihrem Besitzer.
	2. Eine Artistin arbeitet in einem Zirkus. Sie sitzt auf einem Trapez und das Trapez schwingt sie hin und her.		2. Ein Mädchen liegt im Bett und liest ein Buch. Plötzlich fällt die Lampe herunter.		2. Ein Mann geht mit seiner Hündin spazieren. Plötzlich kommt ein anderer Hund vorbei. Die Hündin fängt an, an der Leine zu ziehen.

Fragebogen für Experiment 2

	Katze	Maus
	Mutter	Katze
	Nilpferd	Krokodil
	Tuch	Amsel
	Hängematte	Mädchen
	Netz	Huhn
	Mutter	Schaukel
	Schwein	Tür
	Mädchen	Tür
	Kaninchen	Wildschwein
	Hündin	Katze
	Kuh	Ziege
	Frau	Pferd
	Wildschwein	Reh
	Kaninchen	Meerschwein
	Tasche	Katze
	Auto	Mädchen
	Kutsche	Pferd
	Flugzeug	Frau
	Auto	Katze
	Luftmatratze	Kind
	Schiff	Schwimmerin
	Katze	Gardine
	Kind	Karussell
	Artistin	Trapez
	Lampe	Mädchen
	Hündin	Leine
	Katze	Maus
	Mutter	Katze
	Nilpferd	Krokodil
	Tuch	Amsel
	Hängematte	Mädchen
	Netz	Huhn
	Mutter	Schaukel
	Schwein	Tür
	Mädchen	Tür
	Kaninchen	Wildschwein
	Hündin	Katze
	Kuh	Ziege
	Frau	Pferd
	Wildschwein	Reh
	Kaninchen	Meerschwein
	Tasche	Katze
	Auto	Mädchen
	Kutsche	Pferd
	Flugzeug	Frau

	Auto	Katze
	Luftmatratze	Kind
	Schiff	Schwimmerin
	Katze	Gardine
	Kind	Karussell
	Artistin	Trapez
	Lampe	Mädchen
	Hündin	Leine

Varianzanalyse mit C-Test als zusätzliche Variable

Dependent Variable: Antwort

Source	Type III Sum of Squares	df	Mean Square	F	Sig.	Partial Eta²
Corrected Model	26,713[a]	53	,504	2,601	,000	,114
Intercept	558,231	1	558,231	2881,19	,000	,729
CTest	1,975	2	,987	5,096	,006	,009
WO	1,923	2	,962	4,964	,007	,009
Belebtheit	4,272	2	2,136	11,025	,000	,020
Kontext	8,132	1	8,132	41,974	,000	,038
CTest * WO	,386	4	,096	,498	,737	,002
CTest * Belebtheit	1,317	4	,329	1,699	,148	,006
WO * Belebtheit	,945	4	,236	1,219	,301	,005
CTest * WO * Belebtheit	1,556	8	,195	1,004	,431	,007
CTest * Kontext	1,623	2	,811	4,188	**,015**	,008
WO * Kontext	,655	2	,327	1,690	,185	,003
CTest * WO * Kontext	,598	4	,150	,772	,544	,003
Belebtheit * Kontext	,166	2	,083	,428	,652	,001
CTest * Belebtheit * Kontext	1,127	4	,282	1,454	,214	,005
WO * Belebtheit * Kontext	1,267	4	,317	1,635	,163	,006
CTest * WO * Belebtheit * Kontext	,735	8	,092	,474	,875	,004
Error	207,894	1073	,194			
Total	794,000	1127				
Corrected Total	234,607	1126				

a. R Squared = ,114 (Adjusted R Squared = ,070)

Abonnement

Hiermit abonniere ich die Reihe **Deutsch als Fremd- und Zweitsprache. Grundlagen und Anwendungsperspektiven (ISSN 2191-1908)**, herausgegeben von Prof. Dr. Stefanie Haberzettl,

- ☐   ab Band # 1
- ☐   ab Band # ___
  - ☐   Außerdem bestelle ich folgende der bereits erschienenen Bände:
    #___, ___, ___, ___, ___, ___, ___, ___, ___, ___, ___

- ☐   ab der nächsten Neuerscheinung
  - ☐   Außerdem bestelle ich folgende der bereits erschienenen Bände:
    #___, ___, ___, ___, ___, ___, ___, ___, ___, ___, ___

- ☐   1 Ausgabe pro Band   ODER   ☐ ___ Ausgaben pro Band

Bitte senden Sie meine Bücher zur versandkostenfreien Lieferung innerhalb Deutschlands an folgende Anschrift:

Vorname, Name: _____

Straße, Hausnr.:   _____

PLZ, Ort: _____

Tel. (für Rückfragen): _____ *Datum, Unterschrift:* _____

Zahlungsart

- ☐   *ich möchte per Rechnung zahlen*
- ☐   *ich möchte per Lastschrift zahlen*

bei Zahlung per Lastschrift bitte ausfüllen:

Kontoinhaber: _____

Kreditinstitut: _____

Kontonummer: _____ Bankleitzahl: _____

Hiermit ermächtige ich jederzeit widerruflich den *ibidem*-Verlag, die fälligen Zahlungen für mein Abonnement der Schriftenreihe **Deutsch als Fremd- und Zweitsprache. Grundlagen und Anwendungsperspektiven** von meinem oben genannten Konto per Lastschrift abzubuchen.

Datum, Unterschrift: _____

Abonnementformular entweder **per Fax** senden an: **0511 / 262 2201** oder 0711 / 800 1889
oder als **Brief** an: *ibidem*-Verlag, Julius-Leber Weg 11, 30457 Hannover oder
als e-mail an: ibidem@ibidem-verlag.de

***ibidem*-Verlag**

Melchiorstr. 15

D-70439 Stuttgart

info@ibidem-verlag.de

www.ibidem-verlag.de
www.ibidem.eu
www.edition-noema.de
www.autorenbetreuung.de